教育部中等职业教育专业技能课立项教材

物业客户服务

WUYE KEHU FUWU

主　编／于晓红

中国人民大学出版社
·北京·

图书在版编目（CIP）数据

物业客户服务/于晓红主编. —北京：中国人民大学出版社，2020.9
教育部中等职业教育专业技能课立项教材
ISBN 978-7-300-26657-2

Ⅰ.①物… Ⅱ.①于… Ⅲ.①物业管理-中等专业学校-教材 Ⅳ.①F293.33

中国版本图书馆 CIP 数据核字（2019）第 016406 号

教育部中等职业教育专业技能课立项教材

物业客户服务

主　编　于晓红
Wuye Kehu Fuwu

出版发行	中国人民大学出版社			
社　　址	北京中关村大街 31 号		**邮政编码**	100080
电　　话	010 - 62511242（总编室）		010 - 62511770（质管部）	
	010 - 82501766（邮购部）		010 - 62514148（门市部）	
	010 - 62515195（发行公司）		010 - 62515275（盗版举报）	
网　　址	http://www.crup.com.cn			
经　　销	新华书店			
印　　刷	天津中印联印务有限公司			
规　　格	185 mm×260 mm　16 开本		**版　　次**	2020 年 9 月第 1 版
印　　张	8		**印　　次**	2020 年 9 月第 1 次印刷
字　　数	184 000		**定　　价**	28.00 元

前 言
Preface

　　随着经济的发展和管理的进步，物业行业的竞争越来越激烈。在这样的社会背景下，代表服务人员和服务企业良好形象的服务礼仪就显得越来越重要。今后，物业管理企业的竞争将会进入靠品牌竞争、靠管理竞争、靠服务理念竞争的时期，从服务观念到服务方式，从经营理念到市场定位，无论是市场还是业主，都将对这一行业提出更高的要求。如何服务业主，如何创造和维护一个安全、文明、和谐、舒适、便利的美丽家园，帮助业主解决日常生活中的问题，是物业管理企业的首要职责。

　　本教材依据《中等职业学校物业管理专业教学标准》，立足于物业服务管理实际，深入剖析物业服务涉及的管理服务与沟通技巧，根据实际情况提出问题，进而进行分析。本教材在编写过程中，调研了物业管理企业关于服务沟通的实际操作，形成案例库，从中提炼出经典案例；本教材中案例的另一个来源是从公开发表的典型案例中提炼并加工处理，使案例更加精简、通俗易懂，学生容易接受和理解。

　　在本教材编写过程中，引用了同类教材和有关论著的观点，并标明了来源和作者，在此一并表示感谢。教材中难免存在疏忽和不妥之处，敬请广大读者不吝赐教，以便在以后的修订中日臻完善。

编者

目　录
Contents

项目一 物业客户服务概述

 问题引入

在激烈的市场竞争中，物业管理企业取得竞争优势的关键是什么？

项目导读

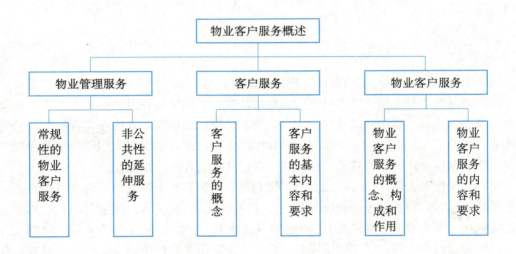

学习目标

知识目标： 掌握物业客户服务的含义；掌握物业客户服务的概念、构成和作用；掌握物业客户服务的内容。

能力目标： 树立物业管理职业人的服务理念，提供令客户满意的服务。

任务一 物业管理服务

案例导入

北京某地产公司推出 360 度全方位物业服务，包括前期介入和过程监控。早在该公司的房产项目"怡居苑"立项之际，其物业就纳入了项目的规划设计，站在业主的立场，从物业服务的角度提出意见和要求。在"怡居苑"的整个建设过程中，其物业的管理人员都作为"质量督导员"，全程参与项目施工的质量管理，充分保障未来住户的利益。同时，该公司把当年的服务主题定为"客户心安年"，因为只有客户心安，员工才会心安，公司才会心安。为此，公司全方位地建立健全了"客户心安服务系统"，努力让业主（客户）满意。

知识探究

迄今为止，我国的物业管理行业已经发展了三十多年，具备了一定的规模和形态。随着经济体制的改革与发展、城市现代化进程的加快，人们对居住空间的可持续发展的要求越来越高。伴随着房地产商品经济的发展，物业管理也迫切需要改变，尤其在市场经济的条件下，大多数人将成为物业的产权人和使用权人。因此，如何在激烈的市场竞争中立于不败之地，创造合理的规模效益，已经成为现代物业管理的关键问题。

面对物业管理企业之间的激烈竞争，特别是广大客户享受物业管理与服务的意识、维权意识越来越强，物业管理企业已步入"以客户为中心"的"客户满意"时代。物业管理企业应树立"以人为本，客户至上"的服务理念与服务意识，将客户服务融入管理工作之中，最终通过物业管理人员的优质服务，为客户创造出美好的生活空间。只有这样，物业管理企业才能获得经济效益与社会效益双丰收，同时也能够促进社会的文明进步。目前，提高客户满意度，已成为物业管理企业能否处理好物业管理与服务工作的关系，能否有效地处理好物业管理企业与客户之间的关系，能否在激烈的市场竞争中处于有利地位，并实现可持续发展的关键。

物业管理服务属于以经济服务为核心的第三产业，服务是它的生命线。物业管理服务的对象不仅包括物业项目内的房屋及其配套设施，还包括为使用者提供满意的服务。物业服务通常分为常规性的物业客户服务和非公共性的延伸服务。

一、常规性的物业客户服务

常规性的物业客户服务是指物业管理企业面向所有住户提供的最基本的、经常性的管理与服务，一般在物业服务合同中应明确规定其具体的服务内容和要求，它的内容主要有以下几点。

（一）房屋建筑本体服务管理

房屋建筑本体服务管理是指为保持房屋完好率、确保房屋使用功能而进行的管理与服务工作。它包括房屋的修缮服务（日常保养及维修）、房屋装修服务、房屋基本情况的掌握等。如有业主搭建违章建筑物或利用楼房外墙做私家广告宣传等，都在物业管理的范围内。

（二）房屋设施设备服务管理

房屋设施设备服务管理是指为保持房屋及其配套附属的各类设备、设施的完好及正常使用而进行的管理工作，包括对各类设备、设施的基本运行情况的掌握，以及其日常运营、保养、维修与更新等。

（三）清洁卫生服务管理

清洁卫生服务管理是指对物业环境的日常清洁打扫维护、垃圾的处理等服务工作。

（四）绿化养护服务管理

绿化养护服务管理主要包括对物业整体环境的美化、园林绿地的保养等。

（五）安全护卫服务管理

安全护卫服务管理包括对日常各种突发事件的预防与处理、监控系统的监控服务等。

（六）消防服务管理

消防服务管理是指火灾的预防与火灾时的救护处理。如楼群、楼道的消防通道、消防设施设备的维护等。

（七）车辆道路服务管理

近年来，此项工作是物业服务的一个难点和重点。车辆、道路管理的目的是建立良好的交通秩序和车辆停放秩序，确保业主和非业主使用人的人身安全，车辆不受损坏和失窃。

（八）客户服务管理

客户服务管理主要包括为所有住户提供入住服务，处理客户的投诉，负责客户咨询、来访，有效地与客户沟通等。

二、非公共性的延伸服务

非公共性的延伸服务是指物业公共性服务范围的延伸，即物业管理企业为满足物业区域内客户的需求，利用物业辅助设施或物业管理的有利条件，为客户提供公共性服务以外的服务，一般包括针对性的专项服务和委托性的特约服务。

（一）针对性的专项服务

针对性的专项服务是指物业管理企业面向广大业主、物业使用人，为满足其中部分住户群体和单位的一定需求而提供的各项服务工作。它包括日常生活类，商业服务类，文化、教育、卫生、体育类，金融服务类，经纪代理中介服务类，社会福利类等。这是对常规性服务的补充和完善，是为了满足客户个别需求而提供的服务项目，通常在物业服务合同中没有要求，属于收费性服务。

（二）委托性的特约服务

委托性的特约服务是指物业管理企业为了满足业主、物业使用人的个别需求受其委托而提供的服务。如业主自用部位和设备的维护、室内保洁、代订机票等。

📧 案例评析

在物业服务日趋完善的今天，物业管理企业想要取得竞争优势，就必须以业主利益为中心，以业主满意为目的，提高客户满意度，使客户获得高于期望值的收益。

任务二　客户服务

📧 案例导入

一天晚上，几位宾客来到某星级宾馆餐厅，此时，已经超过了宾馆规定的营业时间。
"您好，欢迎光临！"
"晚上好，小姐。我们还能在这里用餐吗？"一位女客人试探性地问道。
"晚上好，女士。请问您是否住在我们宾馆？"领位员微笑着问道。
"我们是特意来这里的。"女士答道。
"对不起，现在已超过了营业时间。我可以为您联系楼下的咖啡厅用餐。"领位员礼貌地提议道。
"可我们想吃正餐，您能为我们安排一下吗？"客人仍坚持着。
"那好，请随我来，我们尽量满足您的要求。"领位员犹豫了一下后，带着客人走进了餐厅。餐厅里只有几位零散的客人还在用餐，一些餐桌已经撤台了。几位服务员正在收拾桌子，看到领位员带来了客人，她们感到有些意外。

"各位请坐。"领位员把几位宾客引到一张干净的餐桌前，并让服务员端上了茶水，送上热毛巾。

"我们听说这里的粤菜很好，但是出来晚了，而且还没有预订，十分抱歉。平时我们习惯晚一些吃饭，看餐厅里有人在用餐，所以就来了。"那位女士解释道。

"我们餐厅规定晚上9：00停止供菜，所以您如果想来用餐，最好提前联系一下，以便我们做好准备。尽管如此，我们仍然欢迎大家来这里用餐。不知您住在哪里，用不用我为您在餐后联系出租车？"领位员问道。

"谢谢您，不用了。"女士连忙回答。

"那好，我马上叫服务员拿菜单过来。"领位员后退一步，转身离去了。

客人点过菜后没多久，菜就陆续端上来了，客人们高兴地用起餐来。

知识探究

在激烈的市场环境中，价格竞争成为企业之间角逐的重要手段。它可以加快产品创新，使资源配置和产业结构更加合理，给消费者带来更多利益，但价格竞争一旦演变为价格战，将会给企业带来灾难性的后果。目前，产品的差异和价格战的效果越来越不明显，只有充分发挥客户服务的优势，企业才能在竞争中取胜，推动企业的发展与进步。

一、客户服务的概念

客户服务是指一种以客户为导向的价值观，它整合预先设定的最优成本—服务组合中的客户方面的所有要素。一般而言，任何能提高客户满意度（客户满意度是指客户所实际"感知"的待遇和"期望"的待遇相比较后得出的指数，或称客户期望值与客户体验的匹配程度。）的内容都属于客户服务。它是了解和创造客户需求，以实现客户满意为目的的企业全员、全过程参与的一种经营行为和管理方式。

客户服务的核心理念是企业全部的经营活动都要从满足客户的需要出发，以提供满足客户需要的产品或服务作为企业的责任和义务，以客户满意作为企业的经营目的。

二、客户服务的基本内容和要求

（一）基本内容

1. 客户永远是对的

在企业为客户服务的过程中，自然应该以被服务者的需要和意志为转移，所以企业不应该挑剔个别客户的不当言行举止，更不能因此影响对客户整体的态度。当然，并不是客户的任何意见甚至无理的要求都必须予以满足。

2. 视客户为亲友

企业与客户之间也存在相互支持、相互信赖、相互促进的非金钱关系，把客户视为亲友，更有利于服务的开展。

3. 把客户视为企业的主宰

企业要尊重客户的权利，认真履行自己应尽的责任，在服务过程中要尊重客户的隐私权、知情权、选择权、监督权、被赔偿权等。

4. 强化现代服务理念，提升服务水平

理念支配人的行为，服务理念决定着企业的服务特色和服务品位。企业要强化现代服务理念，不断提升服务水平。

5. 正确处理好服务与经营的关系

企业要解决"重经营、轻服务"的做法，改变"经营有效益是硬指标、服务是软指标"的片面认识。

（二）基本要求

要做一名合格的客户服务人员，须满足以下基本要求。

1. 心理素质要求

（1）处变不惊的应变力。

所谓应变力，是指对一些突发事件的有效处理能力。客户服务人员每天都会面对不同的客户，有时在遇到一些蛮不讲理的客户时，缺乏经验的客户服务人员就会不知所措，而经验丰富的客户服务人员就能有条不紊地处理突发事件。这是由于资深的客户客服人员具备一定的应变力，特别是在处理客户恶意投诉的时候，能够处变不惊。

（2）承受挫折和打击的能力。

客户服务人员有可能遭受什么样的挫折和打击呢？例如，被客户误解：联想公司的客户服务人员通常需要上门给客户解决问题，因为整个计算机瘫痪，可能给客户带来严重的后果。这也许不是联想的问题，可能是因为客户在接收邮件时感染了病毒，但是这台机器是由联想负责维修的，那么客户服务人员过来了以后，客户就可能会迁怒于客户服务人员，以发泄自己的怨气。很多客户服务人员每天都要面对客户各种各样的误解甚至辱骂，对此，客户服务人员需要有一定的承受能力。

（3）情绪的自我掌控及调节能力。

情绪的自我掌控及调节能力指什么？例如，每天你需要接待一百个客户，可能第一个客户就把你骂了一顿，因此心情会变得很糟糕。但是你不能放弃，后边还有很多客户依然在等着你接待。这时候，就需要掌控和调整自己的情绪。因为对于客户来说，你永远是他的第一个客服人员，特别是一些客户服务呼叫中心的在线服务人员，一天要受理 400 个左右的投诉咨询，需要对每一个客户都保持同样的热情，只要中间有一个环节出了差错，与客户产生了口角，就很难用一种特别好的心态去面对后面所有的客户。因此，客户服务人员要有良好的情绪自我掌控及调节能力。

（4）满负荷情感付出的支持能力。

客户服务人员需要为每一个客户都提供优质、周到的服务，付出同样饱满的热情。每个人的这种满负荷情感的支持能力是不同的。一般来说，工作越久的客户服务人员，满负

荷情感付出的支持能力就越强。

（5）积极进取和永不言败的良好心态。

客户服务人员需要在工作中不断地调整自己的心态，遇到困难和挫折不能轻言放弃。这和团队的氛围有着密切的关系，如果整个客户服务团队是一个积极向上的集体，员工在良好团队氛围当中，就能很自然地化解心中的不愉快。如果没有好的团队氛围，就要靠员工自己去慢慢化解。

2. 品格素质要求

（1）忍耐与宽容是客户服务人员的美德。

忍耐与宽容是面对无理客户的法宝。客户服务人员需要有包容心，要包容和理解客户。真正的客户服务是根据客户本人的喜好做出令其满意的服务。客户的性格不同，人生观、世界观、价值观也不同，这就要求客户服务人员要有很强的包容心，站在客户的角度，包容客户的行为。

（2）不要轻易承诺，说了就要做到。

对于客户服务人员，通常很多企业都有明确要求：不要轻易承诺，说到就要做到。客户服务人员不要轻易承诺、随便答应客户做什么，这样会给自己的工作造成被动。但是一旦承诺，客户服务人员就必须尽力兑现自己的诺言。

（3）勇于承担责任。

客户服务人员需要经常承担各种各样的责任，出现问题的时候，同事之间不能相互推卸责任。客户服务是一个企业的服务窗口，所有客户服务人员都应该尽力化解企业与客户的矛盾。

（4）拥有博爱之心，真诚对待每一位客户。

博爱之心是指要达到"我为人人，人人为我"的思想境界，做到这一点的人不是很多。例如，日本企业在对应聘客户服务人员进行面试的时候，会专门聘用有博爱之心的人。

（5）谦虚是做好客户服务工作的要素之一。

拥有一颗谦虚之心是人的美德。客户服务人员需要有很强的专业知识，在很多时候要克服自负心理，认为客户说的都是外行话，特别是对做维修的人员来说，谦虚更为重要。

（6）强烈的集体荣誉感。

客户服务强调的是一种团队精神。企业的客户服务人员需要互相协作，必须要有团队精神。人们常说某个球队特别有团结精神，特别有凝聚力，这主要是指每一个球员在赛场上不是为自己进球，所做的一切都是为了全队获胜。客户服务人员也是一样，团队中的每个人所做的一切不是为表现自己，而是为了能把整个企业客户服务工作做好。这就是团队集体荣誉感和团队精神。

3. 技能素质要求

（1）良好的语言表达能力。

良好的语言表达能力是实现客户沟通的必要技能和技巧。

（2）丰富的行业知识及经验。

丰富的行业知识及经验是解决客户问题的必备武器。不管从事哪个行业，从业者都需要具备专业的知识和经验。客户服务人员不仅要能够与客户沟通，而且还要能够解释客户提出的相关问题，受到客户信赖，客户最希望得到的也是服务人员的专业帮助。因此，客户服务人员要有很丰富的行业知识和经验。

（3）熟练的专业技能。

熟练的专业技能是客户服务人员的必备素质。每个企业的客户服务人员都需要学习并熟练掌握多方面的专业技能。

（4）优雅的形体语言表达技巧。

掌握优雅的形体语言表达技巧，能体现出客户服务人员的专业素质。优雅的形体语言表达技巧体现了一个人的气质，内在的气质会通过外在形象表现出来。言行举止、神态表情都能够表现出一个人是不是专业的客户服务人员。

（5）思维敏捷，具备对客户心理活动的洞察力。

对客户心理活动的洞察力是做好客户服务工作的关键所在。所以，客户服务人员需要具备这方面的技巧。思维要敏捷，要具备对客户的观察力，洞察顾客的心理活动，这是对客户服务人员技能素质的基本要求。

（6）具备良好的人际关系沟通能力。

客户服务人员具备良好的人际关系沟通能力，跟客户之间的交往就会更加顺畅。

（7）具备专业的客户服务电话接听技巧。

客户服务电话接听技巧是客户服务人员的另一项重要技能。客户服务人员必须掌握接听客户服务电话的知识和技能。

（8）良好的倾听能力。

良好的倾听能力是实现与客户顺畅沟通的必要保障。

4. 综合素质要求

（1）"客户至上"的服务观念。

"专业、细致、周到"的服务要始终贯穿于客户服务工作中，客户服务人员要具备"客户至上"的服务观念。

（2）工作的独立处理能力。

优秀的客户服务人员需要具备工作的独立处理能力。一般来说，企业都要求客户服务人员能够独当一面，即客户服务人员能独立地处理客户服务中遇到的棘手问题。

（3）各种问题的分析解决能力。

优秀的客户服务人员不但要做好客户服务工作，还要善于思考，能够提出工作的合理化建议，有分析解决问题的能力，能够帮助客户解决一些实际问题。

（4）人际关系的协调能力。

优秀的客户服务人员还要善于协调同事之间的关系，以达到提高工作效率的目的。人际关系的协调能力是指在客户服务部门中，如何和自己的同事协调好相互关系。同事之间紧张、不愉快的关系会直接影响客户服务的工作效果。

5. 其他要求

（1）态度热情认真。

要做一名合格的客户服务人员，只有热爱这一行业，才能全身心地投入进去，所以端正的态度是成为一名合格的客户服务人员的重要条件。

（2）业务知识熟练。

客户服务人员应该熟练掌握业务知识，要通过不断地努力学习，准确无误地为客户提供话费查询、业务查询、业务办理及投诉建议等各项服务，让客户在服务中得到更好的体验。

（3）解答问题耐心。

在工作过程中，客户服务人员应保持热情诚恳的工作态度，在做好解释工作的同时，注意语气缓和、不骄不躁，如遇到客户不懂或很难解释的问题时，要耐心讲解，直到客户满意为止，始终抱着"把微笑融入声音，把真诚带给客户"的信念，激励自己不断进步。

（4）沟通协调到位。

沟通能力特别是有效沟通能力是客户服务人员的基本素质。客户服务是跟客户打交道的工作，倾听客户、了解客户、启发客户、引导客户，都是与客户交流时的基本功，只有了解了客户的需求和不满，才能更好地改进服务，对症下药，解决客户问题。

通过以上内容，我们对客户服务工作有了更清楚的认识。只有当我们了解了客户服务人员应该具备的素质和技能，才有可能在工作中不断地提升自我，自觉地学习服务技能和服务技巧，进而做好客户服务工作。

➡ 案例评析

领位员的服务非常规范。如果她只是简单地告诉客人餐厅不再对外供餐，虽然符合公司规定，但在"令客户满意"方面有缺憾，会流失一些潜在的客户。

任务三　物业客户服务

➡ 案例导入

某天晚上，某楼一位刚入职两个月的护卫员接到一位女士的电话，她声称要给某家公司送预订的家具，但电话联系不上，请求护卫员用对讲机询问这家公司是否有人。护卫员接通了对讲机，业主得知是位女士来电，便让回话说他不在。原来业主和这位女士有矛盾，一直避而不见，而女士想通过护卫员查证业主是否在家。如此这般，护卫员就更不敢大意了，他时刻用警惕的眼睛注视着每一位陌生的来访者，特别是女性。

再如，某天凌晨两点多，有位女士目不斜视地走到大堂门口，护卫员立即起身询问，"女士您好，请问您到哪一楼？"女士扭头用冷冷的目光盯了护卫员一会儿，说道："给我开门！"护卫员再次发问，女士有些愤怒了，高声道："我是业主，你，马上给我开门！"护卫员又说，"请您告诉我您的楼号好吗？"女士拒绝回答，只是使劲地摇晃门。

这时，女士身后走来一位业主。大堂护卫员只好开门，随后通过变通处理和层层核实确认了这位女士是大厦的某位业主。护卫员连忙向她道歉，言明自己新来不久，对业主们还不熟悉。接着，又向她解释这样做是为了确保大厦安全，不妥之处请业主多指正批评。

或许是护卫员的诚恳态度感动了她，女士的态度和缓了很多，"其实不该怪你，我已有两个月不在家了，你当然不认识，我今天心情不好，也请你不要往心里去。"一场不愉快就这样烟消云散了。

此后，这位女士每次见到这位护卫员，都会友善地微笑点头。

虽然人们可以用"不知者不怪"来原谅那些"不知者"，但"不知者"决不能用这句话作为理由来原谅自己。对于自己的错误，"不知者"要及时诚恳地进行自我批评。当然，最好的办法还是尽快全面了解各方面的情况，提早变"不知"为"知之"。

⇄ 知识探究

作为物业管理企业与客户接触的最前沿，物业客户服务工作不仅担负着客户投诉及报修等工作，还担负着随时向客户传递各项服务信息、展示良好企业形象的重任。因此，客户服务工作是物业管理服务的核心环节，服务水平的高低直接影响客户对物业管理的满意程度，客户服务质量的优劣也直接影响着物业管理企业的经济效益与社会效益。

一、物业客户服务的概念、构成和作用

（一）物业客户服务的概念

物业客户服务是指物业管理企业为提高其服务的质量，发生在客户（业主）与物业管理服务企业之间的相互活动。物业管理提供的是服务，属于无形的产品。物业管理企业凭借对业主的服务来获取业主的满意度和忠诚度，以此获得劳动报酬——缴纳物业服务费，进而实现盈利的目的。

客户满意度越高，客户对企业的忠诚度就会越高。首先，忠诚度的提高有利于稳定物业管理企业和客户之间的关系，而这种稳定的关系可以提高企业的经济效益。其次，忠诚度的提高有利于业主主动地参与管理。最后，忠诚度的提高有利于企业树立很好的口碑，使得物业管理企业增加潜在的客户，从而提高物业管理企业的社会效益，并因此增强客户和物业管理企业之间的互动，达到供求的双赢。

由此可见，物业管理服务企业必须做好服务营销工作，给业主提供更好的服务，从而达到盈利的目的。物业管理服务企业也只有建立这样的经营理念，把管理业主的思维

彻底地扭转到服务业主上来，才能把自己的"产品"做好，形成可持续发展的良性循环。

（二）物业客户服务的构成

1. 物业客户服务主体

物业客户服务的主体有供给主体、需要主体、协调主体三类。具有资质的物业管理服务企业和专业的服务企业（如清洁、绿化、安保等企业）是供给主体；业主和非业主使用人或房地产开发企业是需要主体；政府行政主管部门和物业管理协会是协调主体。

2. 物业客户服务客体

物业客户服务的客体是物业服务（无形的产品）。

3. 物业客户服务环境

物业客户服务环境是指为保证物业客户服务有序开展而制定的各类法规和社会制度。

（三）物业客户服务的作用

客户服务在物业管理服务企业中的作用主要体现在以下几个方面：

（1）客户服务的好坏影响客户对物业管理的满意程度。

（2）客户服务的好坏影响物业管理服务企业的经济效益。

（3）客户服务的好坏影响物业管理服务企业的社会形象。

二、物业客户服务的内容和要求

（一）物业客户服务的内容

1. 建立客户档案，确定客户服务标准

物业服务中心负责建立业主档案，业主档案一户一档，公司应有档案内容的具体标准，及时更新业主的资料，管理各种合同文件。相关工作人员将业主的资料、产权清单、租赁清单、业主服务内容整理归档。物业服务中心负责人定期对业主档案进行检查，发现问题及时整改。

2. 提供客户入住服务

（1）物业客户服务人员有责任为业主办理入住所需资料，如填写《住户登记表》、签订相关协议等。

（2）物业客户服务人员有义务帮助业主发放相关物品，如房屋钥匙、房屋水电图、《住户手册》等。

3. 有计划地与客户进行有效的沟通

客户服务中心主管按照计划安排工作人员对业主、住户进行走访或电话访问，每年发放《业主意见征询表》征询业主意见并及时回收，统计分析，将结果上报相关领导。

4. 接待客户日常来电、来信、来访及处理客户投诉

客户服务中心会经常接待业主（或住户）的投诉，工作人员要根据客户的投诉类型做

相应的处理。业主对物业的投诉经常围绕着保洁、车辆管理、乱收费、设备维修保养等方面展开。工作人员应根据投诉处理流程，做好记录，了解情况，由负责部门的主管进行处理，并做好回访。

5. 拟定物业管理常用文书

物业管理公司接管住宅小区后，在工作过程中会遇到一些问题，物业客户中心应拟写文书及时告知。

6. 计算并收取物业费用

物业公司客户服务人员对没有及时缴纳物业费的业主进行催缴，可以电话、微信催收，也可以上门催收。

（1）电话、微信催收。

物业客户服务人员打电话、发微信告知业主，与业主约好缴费时间，做好记录。

（2）上门催收。

物业公司客户服务人员在与业主电话沟通未果的情况下，在业主休息时间（周末）进行上门催缴。约好缴纳时间，做好记录，跟进缴纳情况。

7. 社区文化活动

充分利用宣传栏、中心广场、会所、娱乐中心、球场等区域开展各类社区文化活动。

（1）宣传栏。

宣传有关物业管理的政策法规、社区动态等，倡导业主共建共管，并按时更换。

（2）文化活动。

结合季节、节日、特殊纪念日，举办各类有意义、有特色的文化活动。

8. 对住宅专项维修资金的使用管理

住宅专项维修资金转业主大会管理后，需要使用该项资金，由物业管理企业提出使用方案，业主大会依法通过该使用方案，物业管理企业组织实施该方案。

（二）物业客户服务的要求

（1）树立"客户满意"的企业价值观。

（2）切实提高物业管理人员的职业素质。

（3）规范化服务与个性化服务相结合。

（4）预防性服务与补救性服务并重。

（5）全方位拓宽沟通渠道。

案例评析

在激烈的市场竞争中，保持企业优势的关键是提高客户满意度。以客户为中心、视客户为亲人、业务熟练，才能更好地为客户服务。

项目小结

当前，物业管理企业的客户服务观念有了很大的改变，服务质量也有了显著提高。但随着业主对物业服务要求的不断提升，仍有许多物业管理企业及物业从业人员不能提供令业主满意的物业服务。

实训练习

一、填空题

1. 常规性的客户服务是为全体业主和非业主使用人提供的最基本的、经常性的服务，一般在物业服务合同中应明确规定其具体的服务内容和要求，它包括：房屋建筑本体的服务管理、（　　　　）、清洁卫生服务管理、（　　　　）、安全护卫服务管理、消防服务管理、（　　　　）、客户服务管理。

2. 物业客户服务的构成如下：

（1）物业客户服务的主体。这包括供给主体、需要主体、协调主体三类。（　　　　）是供给主体；（　　　　）是需要主体；（　　　　）是协调主体。

（2）物业客户服务的客体。物业客户服务的客体是（　　　　）。

（3）物业客户服务环境。物业客户服务环境是指为保证物业客户服务赖以进行的各类（　　　　）和（　　　　）。

二、综合案例分析题

案例名称	苦口婆心——业主为难物业管理公司怎么办
工作任务	某小区入住不久，一户业主不顾物业管理公司的劝阻，硬把空调的室外机装在了主面外墙上。督促其整改的责任落在了负责监管装修的物业管理人员崔主管身上。 　　第一次，崔主管到业主家进行交涉，给业主讲述了小区安装空调的有关规定，并指出空调应当安装在指定的位置，否则会破坏小区的整体外观，并向他提出必须拆下来重新安装。可业主态度坚决，并把崔主管推出了门。 　　第二次，崔主管又上门做业主的工作，他不仅给业主讲述了小区对空调安装的管理办法，还好言好语地和业主聊起了家常，力求缩短双方感情上的距离。业主虽然没有上次那样生硬，但只是答应再考虑考虑。 　　第三次，崔主管敲开了业主家的门，和业主坐下来谈了很久，不仅给业主讲述了本小区物业管理服务的理念和特色，还诚恳地征求了该业主对物业公司的意见和建议，并对该业主提出的各种问题给予了说明和解释。过了许久，业主笑着说："老兄，你这股认真劲我服了！我原来觉得你们管得太多，不舒服。听你这么一讲，明白了你们还是为业主着想、为小区着想。你放心，我一会儿就叫人把空调改过来。"
完成时间	15分钟
任务目标	了解物业客户服务的重要作用。

续表

案例名称	苦口婆心——业主为难物业管理公司怎么办
任务要求	（1）要求分角色扮演崔主管和业主，按角色要求进行对话。 （2）分析每位同学在角色扮演中的长处和不足。
研讨内容	
研讨成果	
讨论过程	
自我角色	
自我评价	
小组评价	
教师评价	

项目二　**物业客户服务中心的服务**

✉ **问题引入**

物业客户服务中心的服务包括哪些内容？

💬 **项目导读**

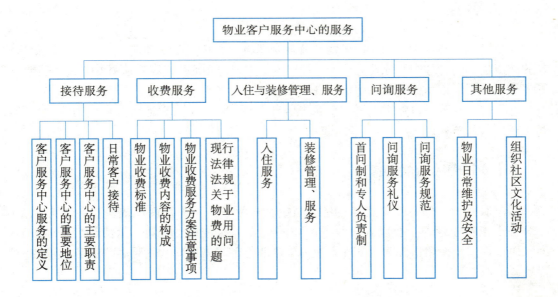

◎ **学习目标**

　　知识目标：物业客户服务中心服务的内涵；物业客户服务中心的地位；物业客户服务中心的职责。

　　能力目标：能够按照物业服务的标准要求做好物业服务中心的工作。

任务一　接待服务

案例导入

补办一张入门卡，遭遇十倍乱涨价

我是一名退休干部，几年前开始每年花 880 元购买某游乐园的年卡。今年我不慎丢失了年卡，补办时对方要求我再交 50 元才能补办。无独有偶，我家所在小区入住时花 3 元钱办了入门卡，物业公司统一换卡时对交不出旧卡的业主强行收费 30 元，并明确告知如果下次丢了就得交 50 元补办。这些做法合法吗？

知识探究

在 20 世纪 90 年代后期，很多物业管理企业将为客户（业主和非业主使用人）提供服务的部门统称为管理中心或业主中心。近年来，"客户中心""客户服务中心""客服部"等多种说法逐渐被物业管理企业接受并使用。

万科的物业客户服务中心是一个客户信息中心，同时也代表地产公司和物业管理公司管理客户关系事务。

一、客户服务中心服务的定义

客户服务中心的运作模式源自星级酒店客户服务的一种管理模式。物业客户服务中心服务是指物业管理企业以客户服务中心前台为辐射，负责收集、接待、汇总客户的投诉和建议，并协调和指挥物业管理企业内部各职能部门来处理和满足客户服务需求的一切活动。

二、客户服务中心的重要地位

客户服务中心负责汇总、处理并传递客户服务信息。物业管理客户服务中心运作模式的主要特征是：一站式服务、全程式管理、信息流畅、集中处理、快速应答、及时反馈。

客户服务中心的指令可以直接下达给各部门主管，再由各部门主管分配工作，也可以直接下达给各部门的工作人员。

三、客户服务中心的主要职责

（1）接受客户投诉与咨询，通知相关部门进行处理。

（2）对建议、投诉进行跟踪、回访和记录。

（3）对投诉和建议进行统计、分析，并向管理人员提供分析报告。

（4）作为公司对外开设的窗口，协调物业公司与上级集团公司、房地产公司、施工单位以及其他单位的关系。

（5）对各种管理服务工作进行检查、督促。

（6）对各种资料的档案管理。

（7）办理业主入住、合约签订手续和办理证件。

（8）负责组织管理处或管理公司的内部培训。

（9）负责管理处各种费用的收取等。

四、日常客户接待

物业客户服务中心的日常客户接待工作，从形式上可分为来电接待、来访接待、来信接待和走访与回访接待等，从内容上可分为问询接待、报修接待、投诉接待等。

（一）服务规范

1. 仪容仪表要求

（1）头发保持干净、梳理整齐，不留奇异发式，胡须剃干净。

（2）双手保持干净，不得留长指甲。

（3）上班时间着装统一，佩戴工作卡。

（4）制服保持整洁，污损的工作卡应及时更换。

（5）工作时做到"三轻一快"：走路轻、说话轻、操作轻、动作快。

（6）举止文雅大方，姿态端正；不得叉腰抱胸、弯腰驼背。

（7）工作时间不聊天、不交头接耳、不说粗话。

（8）不得在客户面前争吵。

（9）在客户面前有"七不准"：不挖耳、不剔牙、不抓头发、不抠鼻子、不吃零食、不吸烟、不打哈欠。

2. 礼节礼貌要求

（1）遇见客户要主动打招呼，礼貌在先，"请"字当头，"谢"字随口。

（2）适时运用礼貌用语。

（3）称呼得当。

（4）讲普通话，不粗言粗语、不高声喊叫。

（5）待人接物时，注意人物、时间、地点、距离、场合，要掌握好分寸和尺度。

（6）同客户讲话时，要集中精神，眼睛注视对方，耐心倾听，不东张西望。

（7）不与客户争吵，客户优先。路遇客户时应主动礼让。

（8）如遇到客户不礼貌、不讲卫生时，应有礼貌地向客户提出建议，或主动捡起垃圾。

（9）当客户的要求无法满足时，应向客户表示歉意。

3. 各部门服务规范用语

（1）日常提供服务时，要适时运用日常礼貌用语。

（2）对客户表示尊重的称呼有：先生、女士、小姐、夫人，也可以称职务或用亲友邻里称谓等。

（3）学会使用工作用语，如"让您久等了""给您添麻烦了""希望您能满意"等。

（4）学会使用客户服务专业用语，如"您好""我能为您做什么""很高兴为您服务"等。

（5）保安人员用语："欢迎光临""请问您找谁""请您登记""有什么需要帮忙吗?"等。

（6）工程人员用语："请问能帮您做些什么""我们将尽快为您修复""有问题再与我们联系"等。

（7）停车场工作人员用语："请您按指定位置停车""请您交纳停车费""请您锁好车门"等。

（二）服务注意事项

物业客户服务人员是第一时间与业主打交道的，因此，他们给业主留下的印象代表了公司的精神面貌。有些管理不够规范的物业管理企业，在日常客户接待工作中还存在以下问题：物业客户服务人员的形象不规范，包括仪表、语言、行为等方面；物业客户服务人员的人性化意识不强，对待业主不够周到热情；物业客户服务人员对承诺业主的事情不能及时处理等。

1. 服务接待时的注意事项

（1）当业主面对面走过来时应点头致意。

（2）向业主提供服务时应面带微笑。

（3）业主讲话时应暂停手中工作，保持微笑，目视客户耐心倾听，如有未明事宜，主动询问。

（4）用简明的语句回答业主的问题，避免在业主面前说专业术语。

（5）不准在业主面前有不雅行为，挤眉弄眼或议论业主。

2. 与业主讲话时的注意事项

（1）与业主讲话时应始终面带微笑。

（2）语速适中，确保对方能够听清楚。

（3）注意控制音量。

（4）禁用不雅之词。

（5）有多名业主等待时应一视同仁。

3. 提供服务时的注意事项

（1）提供服务时对业主热情适度，也不可面无表情。

（2）如遇业主有不礼貌言行时，勿与业主争吵，婉言解释或及时汇报。

（3）提供服务遇到问题不能对业主说"不……（不知道、不行、不能做）"，应婉转地对业主说："请您留下联系方式，稍后给您一个答复。"

（4）承诺业主的事情就要努力做到，并及时给业主回复。

（5）业主态度激动时，要努力稳定其情绪。

案例评析

关于持卡、补卡费用的规定，实质上是显失公平的格式条款。提供持卡服务的单位利用自己提供服务的优势和消费者对其服务的依赖，单方规定高于市场价的持卡、补卡费用，从中获得不正当经济利益，此行为违反了相关法律法规的有关规定，发生纠纷时有权要求变更或解除该补卡条款。

任务二　收费服务

案例导入

某园区的物业公司规定，业主想入住装修需要先交纳 2 000 元的装修押金，不交就不给钥匙。如果业主交了押金，园区的物业公司就会利用各种理由扣下业主押金。某园区共 45 栋楼，约 2 300 户居民，仅押金就收了 460 多万元。该物业公司收押金、扣押金的行为合法吗？

知识探究

物业服务费，是指物业服务企业按照物业服务合同的约定，对房屋及配套的设施设备和相关场地进行维修、养护、管理，维护物业管理区域内的环境卫生和秩序，而向业主收取的费用。物业服务费标准由价格主管部门核定。

物业服务费的收取本身并不复杂，绝大多数业主在购房时就已接受收费标准。但是当业主买的房子出现问题，又由于种种原因迟迟没有得到解决时，常常以拒交物业服务费为手段，逼迫开发商或物业服务企业解决问题，这个问题在物业服务企业为开发商的下属公司的情况下更为突出。

一、物业收费标准

（一）物业服务收费概述

物业服务收费按物业的性质和特点分别实行市场调节价和政府指导价。一般来说，商务办公大厦、高级公寓、别墅区等实行市场调节价，住宅小区实行政府指导价。住宅小区物业服务收费标准，根据小区物业的配套设施、环境和物业服务企业提供的服务内容、服务标准及服务质量等因素，分等级管理，并按对应等级确定物业服务收费的基准价及浮动幅度。住宅小区业主大会根据实际情况，选择对应等级的政府指导价和服务细则，与物业服务企业签订物业服务合同，在合同中明确物业服务收费标准。物业服务企业与业主签订物业服务合同后，向价格主管部门提出申请，经价格主管部门联合物业管理行政主管部门审核后，由价格主管部门颁发《收费许可证》。

物业服务收费标准取决于物业服务成本。国家发改委和住建部颁发的有关文件规定，物业服务成本定价的原则是：物业服务直接相关或间接相关的费用，要与物业服务内容及服务标准相对应。物业服务定价成本包括：管理服务人员的工资、社会保险和按规定提取的福利费等；物业共用部位共用设施设备的日常运行、维护费用；物业管理区域清洁卫生费用；物业管理区域绿化养护费用；物业管理区域秩序维护费用；物业服务企业办公费用；物业服务企业固定资产折旧费用；物业共用部位共用设施设备及公众责任保险费用；经业主同意的其他费用。物业服务定价成本不包括保修期内应由建设单位支付的维修费、应由住宅专项维修资金支出的维修、更新、改造费。

（二）物业收费方法

物业服务收费，主要采取包干制和酬金制两种方式。业主与物业服务企业可通过包干制或者酬金制等形式，约定物业服务费用的收取方式。

包干制是指业主向物业服务企业支付固定物业服务费用，盈余或者亏损均由物业服务企业享有或者承担的物业服务计费方式。物业服务费用的构成包括物业服务成本、法定税费和物业服务企业的利润。

酬金制是指在预收的物业服务资金中，按约定比例或数额提取酬金，支付给物业服务企业，其余全部用于物业服务合同约定的支出，结余或者不足均由业主享有或者承担的物业服务计费方式。预收的物业服务资金，包括物业服务支出和物业服务企业的酬金。

（三）业主应按时足额交纳物业费

业主应按物业服务合同的约定，按时、足额交纳物业服务费用。若业主违反物业服务合同约定，逾期不交纳服务费用，业主委员会应当督促其限期交纳；逾期仍不交纳的，物业服务企业可依法追缴。开发建设单位暂未售出的物业也应按标准全额交纳物业费。

二、物业收费内容的构成

根据法律规定，物业收费服务包括物业公共服务费、机动车停放费和其他服务收费。

（一）物业公共服务费

物业公共服务费是指物业服务企业按照物业服务合同约定，在物业管理区域内从事房屋以及配套设施设备和相关场地的日常管理、维护保养、绿化养护、卫生保洁、公共秩序维持、安全防范协助等公共性服务，向业主或者物业使用人收取的费用。

（二）机动车停放费

机动车停放费是指在物业管理区域内租赁建设单位的车位、使用物业管理区域内规划用于停放机动车的车库（场）内的车位、占用业主共有道路或者其他公共区域停放机动车，由承租人、使用人交纳的车位租赁费、停车服务费、车位场地使用费。

（三）其他服务收费

其他服务收费是指除物业公共服务费、机动车停放费之外，由物业服务企业向业主或者物业使用人提供服务并收取相应的费用，以及涉及物业服务企业和业主或者物业使用人的其他收费。

三、物业收费服务方案注意事项

制订物业收费服务方案时，应注意以下事项：
（1）物业管理企业要保持优质的物业服务水平。
（2）公开物业管理费的构成与用途。
（3）公开物业管理每月的收支情况。
（4）耐心细致地做好欠缴客户的工作。
（5）开发商遗留的问题，一定要由开发商出面解决。
（6）协助开发商解决遗留问题。

四、现行法律法规关于物业费用的问题

《中华人民共和国民法典》第二百七十三条规定：业主对建筑物专有部分以外的共有部分，享有权利，承担义务；不得以放弃权利为由不履行义务。

《物业管理条例》第22条规定：建设单位应当在销售物业之前，制定临时管理规约，对有关物业的使用、维护、管理，业主的共同利益，业主应当履行的义务，违反规约应当承担的责任等事项依法作出约定。第41条规定：业主应当根据物业服务合同的约定交纳物业服务费用。业主与物业使用人约定由物业使用人交纳物业服务费用的，从其约定，业主负连带交纳责任。第47条规定：物业使用人在物业管理活动中的权利义务由业主和物业使用人约定，但不得违反法律、法规和管理规约的有关规定。第64条规定：违反物业服务合同约定，业主逾期不交纳物业服务费用的，业主委员会应当督促其限期交纳；逾期仍不交纳的，物业服务企业可以向人民法院起诉。

《最高人民法院关于审理物业服务纠纷案件具体应用法律若干问题的解释》第6条规定：经书面催交，业主无正当理由拒绝交纳或者在催告的合理期限内仍未交纳物业费，物业服务企业请求业主支付物业费的，人民法院应予支持。物业服务企业已经按照合同约定以及相关规定提供服务，业主仅以未享受或者无需接受相关物业服务为抗辩理由的，人民法院不予支持。

拓展资料

某小区××××年物业收费标准

一、一级收费标准

2.50元/m²/月（已包含税、费）。

（一）基础条件

(1) 小区采用封闭式管理。

(2) 有不少于小区住宅总建筑面积3‰的物业管理服务用房。

(3) 绿化率达到35%以上（包括水面）。

(4) 绿化、休闲活动中心、场地面积达到1 500m²以上。

(5) 固定活动馆所面积300m²以上。

(6) 专用固定停车泊位3户1个。

(7) 具备楼宇可视对讲系统、监控系统、电子巡更系统或其他3项以上安全防范设施。

(8) 固定体育活动场馆内设有不少于2项设施。

（二）公共秩序维护

(1) 门岗室美观整洁，人员着装统一；设专人24小时值勤，其中主出入口不少于12小时立岗值勤；对本小区出入机动车进行验证，对外来机动车进行登记换证。

(2) 按照规定路线和时间进行24小时不间断巡逻，不少于12次，每小时对小区重点区域巡查一次，并做好巡查记录。巡逻过程中对可疑人员进行询问，发现火情或治安隐患、事故及时报告有关部门。

(3) 小区内公共娱乐设施、水池等危险区域设置安全警示标志。

(4) 对出入小区的机动车辆进行引导，有序行驶并停放在指定位置；非机动车辆要停放整齐。

(5) 设有监控的区域实施24小时安全监控并及时记录。

(6) 看管好公共财产。

(7) 对火灾等突发事件有应急处理预案。

(8) 定期对服务人员进行消防培训，保证消防通道畅通，消防器材可随时启用。

（三）保洁服务

(1) 小区内公共区域（硬化地面、主次干道）每天至少清扫2次，保持公共区域的干净整洁；室外标识、宣传栏、信报箱等每周至少擦拭2次。

(2) 公共区域日常设专人保洁，保持公共区域干净整洁，无杂物。

(3) 公共楼道每天至少清扫2次，扶手每天至少擦洗2次，保持楼道的干净整洁。

(4) 根据小区实际情况合理布设垃圾桶、果皮箱。

(5) 按单元、楼层收集垃圾，每天2次。

(6) 垃圾清运日产日清，无垃圾桶、果皮箱满溢现象。

(7) 垃圾设施每天清洁2次，无异味。

（8）公共区域玻璃每周擦洗 1 次。

（9）对区内主路、干路积水、积雪等及时进行清扫。

（10）进行保洁巡查，楼道内无乱悬挂、乱贴乱画、物品乱堆放等现象。

（11）建立消杀工作管理制度，根据实际情况开展消杀工作，适时投放消杀药物，有效抑制鼠、蟑、蚊、蝇等害虫滋生。

（12）饲养宠物符合有关规定，对违反者进行劝告，不听劝告者报告有关部门进行处理。

二、二级收费标准

2.00 元/m²/月（已包含税、费）。

（一）基础条件

（1）小区采用封闭式管理。

（2）有不少于小区住宅总建筑面积 3‰ 的物业管理服务用房。

（3）绿化率达到 30％ 以上（包括水面）。

（4）绿化、休闲活动中心、场地占地面积达到 1 000m² 以上。

（5）固定活动馆所占地面积达到 200m² 以上。

（6）具备楼宇可视对讲系统、监控系统、电子巡更系统或其他一项以上安全防范设施。

（7）体育活动场地内设有不少于一项设施。

（二）公共秩序维护

（1）门岗室整洁，人员着装统一；设专人 24 小时值勤，其中主出入口不少于 10 小时立岗值勤；对本小区出入机动车进行验证，对外来机动车进行登记换证。

（2）按照规定路线和时间进行 24 小时不间断巡逻，不少于 8 次，每 2 小时对小区重点区域巡查一次，并做好巡查记录。巡逻过程中对可疑人员进行询问，发现火情或治安隐患、事故要及时报告有关部门。

（3）在小区内公共娱乐设施、水池等危险区域设置安全警示标志。

（4）对出入小区的机动车辆进行引导，有序行驶并停放在指定位置；非机动车辆停放整齐。

（5）设有中央监控室的小区要实施 24 小时安全监控并及时记录。

（6）看管好公共财产。

（7）对火灾等突发事件有应急处理预案。

（8）定期对服务人员进行消防培训，保证消防通道畅通，消防器材可随时启用。

（三）保洁服务

（1）小区内公共区域（硬化地面、主次干道）每天清扫 1 次，保持公共区域干净整洁；室外标识、宣传栏、信报箱等每周擦拭 1 次。

（2）公共区域日常设专人保洁，保持公共区域干净整洁，无杂物。

（3）公共楼道每天清扫 1 次；扶手每天擦洗 1 次，保持楼道干净整洁。

（4）根据小区实际情况合理布设垃圾桶、果皮箱。

（5）按单元收集垃圾，每天 2 次。

（6）垃圾清运日产日清，无垃圾桶、果皮箱满溢现象。

（7）垃圾设施每天清洁 1 次，无异味。

（8）公共区域玻璃每月擦洗 2 次。

（9）对小区内主路、干路积水、积雪等及时进行清扫。

（10）进行保洁巡查，楼道内无乱悬挂、乱贴乱画、物品乱堆放等现象。

（11）建立消杀工作管理制度，根据实际情况开展消杀工作，适时投放消杀药物，有效抑制鼠、蟑、蚊、蝇等害虫滋生。

（12）饲养宠物符合有关规定，对违反者进行劝告，不听劝告者报告有关部门进行处理。

三、三级收费标准

1.50 元/m²/月（已包含税、费）。

（一）基础条件

（1）小区采用封闭式管理。

（2）有固定管理服务用房。

（3）绿化率 25% 以上。

（4）绿化、休闲活动中心、场地 500m² 以上。

（5）固定活动馆所 100m² 以上；有简单的体育活动器械、设施。

（二）公共秩序维护

（1）门岗室整洁，人员统一着装；设专人 24 小时值勤，其中主出入口不少于 8 小时立岗值勤；对本小区机动车出入验证，对外来机动车登记换证。

（2）按照规定路线和时间巡逻，其中夜间巡逻不少于 5 次，每次巡逻不少于 1 小时，并做好巡查记录；巡逻过程中对可疑人员进行询问，发现火警或治安隐患、事故及时报告有关部门。

（3）小区内公共娱乐设施、水池等部位设置安全警示标志。

（4）对出入小区的机动车辆进行引导，有序行驶并停放在指定位置；非机动车辆停放整齐。

（5）看管好公共财产，包括楼内的门、窗、消防器材及小区的井盖、花、草、树木等。

（6）消防通道畅通，消防器材可随时启用。

（三）保洁服务

（1）小区内公共区域（硬化地面、主次干道）每天清扫 1 次，干净整洁；室外标识、宣传栏、信报箱等每半个月擦拭 1 次。

（2）公共楼道每天清扫 1 次；扶手每周擦洗 2 次，保持干净整洁。

（3）根据小区实际情况合理布设垃圾桶、果皮箱。

（4）按楼栋口收集垃圾，每天 1 次。

（5）垃圾清运日产日清，无垃圾桶、果皮箱满溢现象。

（6）垃圾设施每周清洁 2 次，无异味。

（7）公共区域玻璃每月擦洗 1 次。

（8）对区内主路、干路积水、积雪及时进行清扫。

（9）根据实际情况开展消杀工作，适时投放消杀药物，有效抑制鼠、蟑、蚊、蝇等害虫滋生。

（10）饲养宠物符合有关规定，对违反者进行劝告，并报告有关部门进行处理。

四、四级收费标准

1.00 元/月·平方米（已包含税、费）。

（一）基础条件

（1）小区基本封闭。

（2）有固定管理服务用房。

（3）有简单的绿地、树木、植物。

（二）公共秩序维护

（1）配备门岗室，设专人 24 小时值勤。对本小区机动车出入验证，对外来机动车登记换证。

（2）小区内公共娱乐设施、水池等部位设置安全警示标志。

（3）消防通道畅通，消防器材可随时启用。

（三）保洁服务

（1）小区内公共区域（硬化地面、主次干道）每天清扫 1 次，干净整洁。

（2）公共楼道每天清扫 1 次，扶手每周擦洗 1 次，保持干净整洁。

（3）根据小区实际情况合理布设垃圾桶、果皮箱。

（4）按楼栋口收集垃圾，每天 1 次。

（5）垃圾清运日产日清，无垃圾桶、果皮箱满溢现象。

（6）垃圾设施每周清洁 1 次，无异味。

（7）公共区域玻璃每 2 个月擦洗 1 次。

（8）对区内主路、干路积水、积雪、烟花炮屑及时进行清扫。

（9）根据实际情况开展消杀工作，适时投放消杀药物，有效抑制鼠、蟑、蚊、蝇等害虫滋生。

（10）饲养宠物符合有关规定，对违反者进行劝告，并报告有关部门进行处理。

🔃 案例评析

业主购房时交齐各项购房费用并办理完相关手续后，该房屋已属于业主私有财产。我国法律规定，保护公民私有财产不受他人侵犯，业主对自己的房屋进行合法装修，别人无权干涉。当然，如果因自家装修给他人造成困扰，也应承担相应责任。本案中物业公司无权强行收取押金，只能根据与业主签订的物业管理合同对装修进行监管。

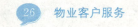

任务三　入住与装修管理、服务

案例导入

某天早晨 7：00，3 单元 1503 号的业主打电话投诉 3 单元 1403 号装修噪声太大影响休息。5 号值班保安员房明飞立即到场叫装修工人停工，并告诫装修工人还未到装修时间，不要提前施工影响他人休息。当 5 号值班保安员离开后，装修工人又开始施工并用起了电动工具，再次引起 3 单元 1503 号业主的不满和投诉。

5 号值班员房明飞再次到 3 单元 1403 号并采取了断电处理。下午 13：00 该装修队又提前施工，3 单元 1503 号业主到物业管理处大发脾气。随后，相关部门负责人和当值领班到 3 单元 1403 号，对装修工人进行了批评教育，并给予严重警告，而后到 3 单元 1503 号业主家进行了回访并表达了歉意。此后 3 单元 1403 号再也没有超时或提前施工了，3 单元 1503 号的业主和邻近业主也对物业的处理比较满意。

知识探究

一、入住服务

（一）入住服务概述

1. 入住服务的含义

入住服务是指物业服务企业员工为满足业主入住的各种需求，帮助业主得以顺利入住而提供的各种服务。这是物业管理公司首次对业主提供的服务。

2. 入住服务内容

（1）制订详细的入住服务流程，做好入住手续办理的准备工作，为业主提供优质的入住服务。

（2）与业主进行有效的沟通，获得广大业主对物业管理工作的支持和理解，做好入住的宣传以及入住手续文件的办理。

（3）主动向业主介绍物业管理企业的情况、管理目标、服务标准、物业情况。

（4）办理入住手续，协助业主做好收楼工作，为业主的入住提供帮助。

（5）为业主的二次装修提供指导和服务。

（二）入住服务流程

1. 收楼前的准备工作

（1）工作人员要熟悉房屋资料。

（2）与开发商保持密切联系。

（3）准备好各类文件，具体包括：

1）入住通知书。

2）入住手续书。

3）收楼须知。

4）缴款通知书。

5）验楼书。

6）楼宇交接书。

（4）准备收楼现场资料。

（5）对各级人员开展业务培训。

（6）做好入住现场物资配备工作，布置好入住现场。

2. 收楼期间的工作

（1）入住流程。

1）开发商发出收楼通知。

2）业主提交收楼文件。

3）现场接待入住业主。

4）物业管理企业发放资料，双方签订文件。

5）业主缴纳相关费用。

6）业主验楼。

7）收楼。

8）双方完成钥匙交接手续。

（2）服务内容。

1）有序地接待入住现场的业主。

2）核对售楼资料与业主本人的身份证件是否一致。

3）发放资料，并签订有关协议、文件。

4）按照要求收取物业管理服务的相关费用。

5）提供市政相关部门进场审批"一条龙"服务。

6）验楼。

7）验楼情况记录，办理单元房的钥匙交接。

8）咨询接待，受理业主二次装修申请。

9）业主验房中的遗留问题，集中由专员登记、汇总。

10）资料归档。

（三）收楼服务中的注意事项

1. 制订详尽的收楼工作计划

目前，各大物业服务企业推行的"收楼服务问责制"能够较好地确保收楼的每个环节都有专人负责。

2. 注重对细节工作的落实

物业服务企业须注重落实细节工作。例如：是否在售楼通知单的发送上采用挂号信的方式，是否有专人电话跟踪确保业主收到；收楼通知单内容撰写上是否明确阐明收楼入住的时间期限，以及申明若购房者未在约定时间内办理相关手续，则视为开发商已实际将该房交付业主使用，业主从通知单的最后期限之日起承担所有购房风险责任及税费。

3. 服务现场的布置要为业主提供方便

收楼服务现场的布置要做到办事方便、指引清晰。办理业主入住手续现场的布置事项主要包括：

（1）办公物品的摆放。

（2）绿色植物的摆放。

（3）接待人员的具体位置。

（4）确定入口、出口及行走路线。

（5）标语。

4. 想业主所想，协助业主办理好迁入/迁出手续

在提供迁入服务工作中，由于业主对所购房产的环境还不是很熟悉，所以物业管理公司要协助业主办理迁入手续，既可以完善自己的常规管理工作，又能切实为业主解决实际问题。同样，迁出工作也需要物业管理公司积极协助业主办理。

5. 协助业主做好验楼工作

（1）建筑方面。

建筑方面主要包括地面、墙面和门窗。

（2）结构方面。

房屋结构部分主要由房屋基础如主、梁、板、墙、现浇楼梯等承受房屋自重和外力作用的构件部分组成。结构为终身保修。

（3）水电设备方面。

供水系统主要指供水管道、龙头等，查看是否生锈、渗漏，排水是否通畅。对于电路系统，检查灯泡是否都亮，插座是否通电，记录新水表和新电表的原始行度，并让收楼业主签字确认。

二、装修管理、服务

（一）装修管理的内容

住宅、楼宇在物业管理公司接管、业主（非业主使用人）办理完入住手续后，可在正式入住前根据业主的要求，对房屋进行分隔、装修、布置等；对于二手房屋，新住户还可

能要将原来的装修拆除，按自己的意愿重新装修。习惯上，人们将上述装修称为"二次装修"，为便于表述，以下将二次装修称为"装修"。

物业的装修管理服务，主要是指对客户的装修管理服务，这是日常工作的重要内容之一，同时也是管理服务难题之一。物业管理服务公司装修管理服务主要工作有以下几项：

(1) 规范装修行为，严格按照规定时间执行装修。

(2) 为客户提供装修方面的疑难解答，协助解决装修时遇到的问题。

(3) 做好装修的审批把关工作，严禁破坏建筑主体结构的装修和乱搭乱建行为。

(4) 安排现场的监督检查，申明装修过程中的注意事项。

(5) 落实装修责任制，配合有关部门做好装修的验收工作。

(6) 坚持合理收费的原则。

注意：对违章装修要及时阻止，与客户沟通既要有理有据、坚持原则，又要尽量做好劝告和说服工作，晓之以理，尽量避免与客户发生矛盾和冲突。

（二）装修流程及服务细则

1. 装修流程

一般来说，装修遵循以下流程：装修申请——→装修审核——→装修施工进场——→现场施工——→装修验收——→撤场。

2. 装修服务细则

(1) 装修范围。

如果是室内装修，只限于房屋本体单元内的自用部分。

(2) 装修时间。

装修时间应根据各地不同作息时间、季节变化以及习惯习俗等综合因素确定。

1) 一般装修时间：是指除节假日之外的正常时间，分作业时间、拆打时间。

2) 特殊装修时间：是指节假日休息时间。节假日期间原则上不允许装修，特殊情况下，应视具体情况相应缩短装修时间。重大节假日（元旦、春节、劳动节、国庆节）期间不得进行施工装修。

3) 装修管理费用。

装修管理费用包括：押金、垃圾清运费等。

(3) 装修管理的要求。

1) 国家规定或设计要求严格禁止的条款必须不折不扣地执行。如严禁改变房屋承重结构，不得拆改原房屋的主体结构部件；严禁任意刨凿楼地面等。

2) 物业装修公共空间及室外装修要统一要求。如空调外机的统一设置、室外机排水的统一要求、阳台栏杆的统一要求；底层住户不得在前阳台违章搭建等。

3) 公共设施、设备不得随意改动。如水、电管线的走向、煤气管改道等。

4) 装修垃圾的清运。装修垃圾须装袋处理，按指定位置、时间、方式堆放和清扫；严禁在窗外、阳台外、楼道等公共场所随意堆放。

(4) 对装修施工人员和材料、设备的出入控制。

1) 对装修人员的出入控制。例如，业主的装修申请获批准后，物业公司要为装修施工人员办理出入证等。

2）对装修材料和设备的出入控制。例如，电焊机需要办理动火手续。

（5）装修责任。

装修责任一般通过三方（物业管理公司、装修人、装修单位）约定的方式处理。

（6）管理权限。

1）业主或使用人装修管理由物业公司全权负责。

2）任何人无权批准违反装修管理细则规定范围内的装修行为。

3）装修施工队不听物业管理公司的劝阻和安排的，物业管理公司有权责令其停止装修行为。

（7）装修管理服务中常见的问题及处理方法。

1）二次装修施工中常见的问题：

- 破坏承重体系；
- 破坏墙体中的钢筋；
- 拆除分隔阳台里外的窗间墙；
- 擅自改变阳台功能；
- 破坏卫生间和厨房的防水层；
- 违反物业装修公共空间及室外装修的统一要求。

2）二次装修施工中常见问题处理方法：

- 批评教育，规劝改正；
- 责令停工，出具《违章整改通知单》，限期整改并责令恢复原状；
- 要求赔偿损失或按规定进行处罚；
- 情况严重的，需上报当地主管部门处理。

⇄ 案例评析

装修管理是物业管理中的重中之重，物业管理公司在处理装修违章行为时所采取的强硬措施应及时通知装修的业主，并请业主配合。物业管理公司应加大巡查的力度，并对装修人员加强教育，同时及时回访投诉的业主，只有这样，才能真正体现物业客户服务的价值。

任务四　问询服务

⇄ 案例导入

一天下午刚上班，某小区刚刚入住的业主找到该小区物业管理公司，询问关于电话过户的事情。业主是一位 60 多岁的朝鲜族老太太，儿女在国外工作，普通话说得不太好。客户服务中心的工作人员请老人先坐下，倒了一杯水，让她不要着急、慢慢讲。老人说了好一阵子，才把事情说清楚。原来她家的电话是入住时从开发商那里沿用来的，所以牵扯到过户问题，但不知道过户手续如何办理。工作人员明白原委后，耐心地进行了解答，并告诉她办理程序。听完后，老人面露难色。老人语言不通，行动不便，自己去办理确实存在困难。工作人员主动提出帮助老人办理电话过户手续，老人听到后非常高兴，放心地把证件留了下来。

第二天中午休息时间，工作人员帮助老人办理了过户手续，然后将过户证明文件和发票送到老人家中，老太太十分感激工作人员的帮助，双方建立起了稳固友好的关系。

📖 知识探究

问询服务是指客户服务人员根据客户提出的疑难问题或情况提供帮助或解答。问询服务是客户服务中心最基本的服务内容，物业管理员必须熟练掌握常用的问询服务礼仪和问询接待程序。

问询服务包括多种形式，包括来电问询、来访问询、传真、电子信箱、网络问询等。

在客户服务中，礼仪接待的服务宗旨是"宾客至上，服务第一"，要做到"礼貌服务、微笑服务、周到服务"。

一、首问制和专人负责制

物业管理公司客户接待首问制是指客户问到的首位员工，应帮助客户解答或解决问题。首问制的具体内容如下：

（1）客户首次问询的工作人员为第一责任人。

（2）第一责任人对所接待的当事人要做到热情、耐心，对办理的业务、反映的问题或要求要认真做好记录。

（3）当事人的问询或办理事项属于第一责任人所分管的职责范围的，并且能够一次办结的，必须一次办结；需要解答的问题，要耐心解答，不得推脱和误导。

（4）当事人的问询或办理事项不属于第一责任人所分管的职责范围的，第一责任人要认真登记，然后移交其他相关部门或主管领导帮助解决。公司任何员工接到客户电话（服务请求或问题投诉），无论是否属于自己工作职责范围内的，都应礼貌地对客户作出反应，记录并反馈给相关部门人员，不应该让客户打第二次电话。

（5）凡涉及单位重大事项，第一责任人要立即向上级领导汇报，以便妥善处理。

（6）第一责任人出现推诿、扯皮、不积极配合或态度蛮横等现象时，将给予批评教育和处分，情节严重的给予调离原工作岗位的处分。

二、问询服务礼仪

在物业问询服务工作中，最基本的礼节有两大类：

（1）语言上的礼节——称呼、问候、应答等礼节。

（2）行为举止上的礼节——迎送礼节、操作礼节、次序礼节等。

（一）称呼礼节

在物业问询服务工作中，要切忌使用"喂"来招呼客户，应该使用客户的尊称。

（二）问候礼节

客户服务人员在日常工作中应根据时间、场合和对象，用不同的礼貌用语向客户表示亲切的问候和关心。

（1）如在与客户初次相见时、道别或送行时，特别是客户患病或感觉不适时，需要适当表示关心，必要时可用手势来沟通和加深理解。

（2）如果客户的语速过快或语言含混不清、表意不明确，可以请求客户再重复一遍，绝不能表现出不耐烦、急躁的神色。

（3）对话时要自动停下手中的其他工作；回答问题时，语气婉转、口齿清晰、语调柔和、语速快慢和声音大小适中。

（4）对于一时无法回答的问题，可先向客户致歉，待查询或请示后再向问询者作答；凡答应客户随后作答的事情，一定要守信，及时回复。

（5）对于客户的合理要求要尽量迅速作出答复；对客户的过分或无理要求要沉住气，既婉言拒绝，又不失热情、礼貌和风度。

（6）对待客户的称赞，应保持谦虚态度。

（三）迎送礼节

（1）迎送客人时，要站立说话，配合表情、肢体语言和礼貌用语；对老弱病残幼的客户，要主动上前服务。

（2）对重要的客户，必要时应组织管理人员和服务人员在大厅或门口列队欢迎。

（四）操作礼节

操作礼节包括引导礼节、沏茶礼节、电梯礼节等，这里以引导礼节为例进行说明。

（1）为客户引路时，应走在客户的左前方，距离保持在 2～3 步，随着客户的步伐轻松地前行。

（2）遇拐弯或台阶处，要及时提醒客户。

（3）引领客户时，应用专业的礼貌用语。

（4）为客户送行时，一般应在客户的后方，距离约半步，必要时还要退后几步。

（五）次序礼节

（1）座次礼节。一般面门为大，座位以右为尊、以远为尊、居中为尊、前排为尊。

（2）行路礼节。一般两人并行，右为尊；三人并行，中为尊；多人多行同行，前为尊、居中为尊。

三、问询服务规范

（1）基本原则：以人为本，尊重为本。

（2）六个服务：微笑服务、敬语服务、主动服务、灵活服务、站立服务、零干扰服务。

（3）服务五声：欢迎声、问候声、谢意声、歉意声、告别声。

（4）规范礼貌用语：请、您好、谢谢、对不起、再见。

🔁 案例评析

案例中，客户服务中心的工作人员的问询服务接待程序操作非常规范，也取得了良好的效果。物业管理人员应当熟悉与客户日常生活密切相关的事务办理部门以及办事程序，从而为客户提供满意的服务。受客户之托代办涉及财物的事项时，要注意财物清点清楚，做好记录。

任务五 其他服务

🔁 案例导入

某晚，世纪新城管理处 3 号值班员汇报辖区内某员工宿舍发生盗窃事件，管理处相关领导以及派出所警察及时赶到现场，发现有五个房间遭到盗窃。因案犯早已逃离现场，警察要求大家多提供线索，以便查破此案，同时提醒管理处宿舍需加设防盗网并配备宿舍管理人员。

管理处负责人立即找到当值保安以及其他保安，向失窃宿舍员工调查了解情况，经过详细调查锁定目标后，立即布置行动。要求各班发现嫌疑人立即汇报，想办法带到保安部或警务室问话。一个星期后，当值保安及领班紧密配合，捕获嫌疑人并交给了警方，该嫌疑人对犯罪事实供认不讳并供出同伙，此案侦破。

🔁 知识探究

物业维修是一项常规性的管理工作。"三分建、七分管""小洞不补，大洞吃苦"，在居住物业的维修管理中，日常养护管理（也称便民小修服务、小修养护服务、窗口报修服务等）又称为基础性工作。

一、物业日常维护及安全

（一）物业的日常维修

物业的日常维修包括以下两部分内容：

（1）物业公共设备的维修，如水、暖、电、气等，要保证这些公共设备运行正常。

（2）客户室内的维修，如漏水、电信故障、小土建工程等，要保证客户正常生活的需要。物业日常维修时刻影响着客户的生活起居，关键是要维修及时，一次性维修到位。

（二）日常维修方案要点

（1）严密的维修服务流程。

（2）维修信息系统的建立。

（3）优秀的专业技术。

（4）体现职业精神的服务态度。

（三）物业日常养护管理的主要环节

（1）报修：固定接待窗口、报修箱、特设地点；建立夜间值班制度，实行 365 天全天候服务；张贴小修项目收费标准；公布物业管理公司的有关承诺；报修填单不漏项，登记后发放凭证、集中编号。

（2）查勘：由查验员查勘后估料派工。当日或三天内能够及时解决的，可直接派工，除此以外的要预先查勘，明确损坏部位和范围、修理项目、工程数量、工时、材料定额、安全设施及工具要求，并负责向住户预约修理日期，以便根据轻重缓急组织均衡生产，防止任务单人为积压，有利于定额松紧及路线远近的合理组合，落实修理责任。

（3）修理：修理工按约定时间上门修理，佩戴胸卡，表明身份，说明来意，文明施工，并落实修理项目；完工后由报修人验收、签字。

（4）验收：检查填单是否有误项漏项，修理工是否按（查勘）要求施工，是否存在应做未做或扩大范围，工程质量、材料耗用及折旧料回收是否符合要求，住户对修理工的服务态度和服务纪律是否满意，工程修理数量是否符合定额。不合格修理项目要及时补开返工单。根据修理标准和工程量结算修理费用。

（5）监督：外部措施有监督电话、投诉接待、发放联系卡、发放征询表、走访居委会等；内部措施有建立回访制度，抽查制度，制订考核办法、奖惩办法等，对不及时、不合格项目进行会诊，根据保修规定及时返工。

（四）物业安全问题

物业管理企业负有协助政府执法部门维护物业安全的责任，因为物业管理费的构成中有保安人员的支出，但是安全问题发生后，物业管理企业应负怎样的责任，在法律上比较难以界定。即便如此，物业管理企业仍应尽力维护物业安全，以免引起不必要的纠纷。

物业安全服务方案的要点如下：

（1）对保安人员进行"警钟长鸣"的教育。

（2）维护各种安全设备正常运行。

（3）与当地公安部门和居委会密切合作。

（4）定期对客户进行安全防范的教育。

（5）积极配合执法部门侦破案件。

（6）妥善安抚受害客户。

二、组织社区文化活动

社区文化活动不仅能丰富客户的日常生活，提高社区住户的生活质量，还可以保持和提升物业管理企业在客户心中的品牌形象。

这部分客户服务方案要点是：

（1）树立"做好老客户工作与做好新客户工作一样重要"的经营理念。

（2）每年应有慰问老客户的预算和计划。

（3）物业管理企业的领导应参与慰问活动。

（4）经常组织丰富多彩且有创意的、客户喜闻乐见的社区文化活动。

社区文化活动的内容可根据举办形式和目的分为以下几类：

（1）固定节日活动，如新春联欢会、中秋节赏月晚会、客户入住周年庆等。

（2）主题性活动，如踏青活动、秋季采摘活动、棋牌球类比赛、歌舞比赛等。

（3）室外活动，如纳凉晚会、放映电影等。

（4）利用网络组织社区活动，如网络游戏比赛、小区网站聊天室等。

案例评析

防止盗窃是物业管理一大难点，保安们通过多种方法查破此案，充分体现了他们足智多谋，在处理事件过程中具有足够的互动性、敏锐性和洞察力，同时也暴露出宿舍存在的安全隐患。

项目小结

物业管理有其特定的产品属性，它生产的是一种特殊产品，为物业管理企业所创造、为业主或使用人所消费，这种特殊的产品就是服务。服务带给业主或使用人的利益和满足感主要有两点：一是物业的保值增值；二是创造一个安全、舒适、方便的工作、生活和居住环境。明确物业管理服务的内涵能使从业人员更加明白所从事行业的性质，真正树立服务意识，提高服务水平。同时也能使业主或使用人树立购买物业管理服务的消费意识，强化业主或使用人对物业管理服务的参与和配合。

实训练习

一、填空题

1. 物业日常养护管理的主要环节有（　　　）、（　　　）、（　　　）、（　　　）。
2. 服务五声包括：（　　　）、（　　　）、（　　　）、（　　　）、（　　　）。

二、综合案例分析题

案例名称	小区安全防范工作要重视
工作任务	某日，半山豪苑管理处当值8号岗保安员叶江文先后接到汇景路58栋和汇景三路20栋业主的报警，声称家里被盗，叶江文马上用对讲机报告当值领班聂江华，并随同业主赶到现场。 　　现场了解的情况是：汇景路58栋业主称其家中一个手提袋、两部手机和裤兜内2 000元被盗，汇景三路20栋业主称其家中一部手机和裤兜内3 000元被盗。了解基本情况后，聂江华马上向保安部长陆少云作了汇报。保安部长陆少云接到汇报后，迅速同值班部长王彪赶往现场，并根据业主要求向四村派出所报案，四村派出所警务人员赶到后对现场进行了进一步的了解及调查备案。陆少云同时向管理处周经理作了汇报，管理处于当天采取了以下防范措施： 　　（1）给小区业主发布温馨提示，提醒业主加强自我防范意识，锁好门窗； 　　（2）加强对装修施工队伍的管理，严格查证，无证人员绝不能进入小区，控制装修人员的活动范围，禁止在小区内闲逛； 　　（3）加强公司内部员工管理，已开除和离职的员工禁止进入小区，非当值员工禁止在小区内闲逛； 　　（4）加强门岗对进出小区人员和车辆的控制，严格查证、发证，对进出人员进行全面、细致的盘查； 　　（5）加强对全体保安员的岗位职责培训，加大对保安员的管理力度。
完成时间	15分钟
任务目标	小区安全的重要性。
任务要求	分析此案例，要求掌握物业安全服务工作要点。
研讨内容	
研讨成果	
讨论过程	
自我角色	

续表

案例名称	小区安全防范工作要重视
自我评价	
小组评价	
教师评价	

项目三 物业商务服务

问题引入

物业管理企业为了满足业主的需要，方便业主生活，提高业主的满意度，同时为物业管理及工作人员提供创收途径，可以适当开展有偿服务和增值服务。

项目导读

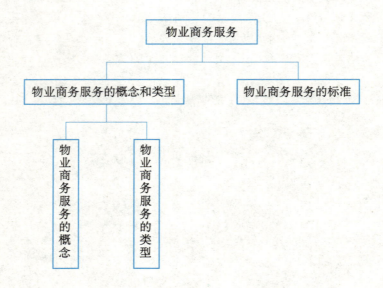

学习目标

知识目标：掌握物业商务服务的概念和类型。
能力目标：能够为业主提供常规服务以外的商务服务，以提高业主满意度。

任务一　物业商务服务的概念和类型

案例导入

东港大厦入住之初，物业管理处考虑到业主乔迁初期开支较多，主动对业主户内维修采取了暂时无偿提供的方式。

入住满一年后，鉴于小区的经济运行状况，物业管理处决定按照法规规定，开始据实收取户内维修费用。然而这本来合情合理的做法，却遇到了不小的阻力。

为了突破阻力，物业管理处起草并张贴了《致业主的一封公开信》。公开信引用物业管理法规，详细介绍了物业管理费的开支范围和有偿服务与无偿服务的具体范畴，并说明了当初无偿提供户内维修的初衷，使大多数业主消除了误解，并对户内维修有偿服务表示认同。

针对个别不理解的业主，物业管理处继续深入做工作。一方面强调办公室工作人员要耐心接受业主的垂询，进一步加以解释；另一方面要求维修人员上门维修时必须保证时效和质量，同时加强与业主的沟通。与此同时，物业管理处还公开户内维修的收费标准，并告知业主有选择服务商的权利。这些举措最终安抚了所有业主的情绪，使有偿户内维修得以顺利落实。

知识探究

随着物业管理水平的不断发展，物业商务服务由最初的"粗放式"管理，逐渐向"精细化"管理转型。

一、物业商务服务的概念

物业商务服务是指物业管理企业为改善和提高住用人的工作、生活条件，满足其中一些住户、群体和单位的一定需要而提供的各项服务工作。

二、物业商务服务的类型

业主在基本物业服务得到满足的同时，更为关注的是服务模式的多样化，服务功能的便利化，服务人员的服务形象和服务语言、服务行为的专业化。近年来，物业管理行业开始引入商务服务理念，对物业服务进行了细分，并由此在原有的物业服务基础上衍生、细化出有偿服务、增值服务等个性化的服务模式，力求全方位满足业主的需求。有偿服务、增值服务等新的服务理念和模式与传统的基础服务相互融合，确保业主足不出户就可以享受到便利、快捷、细致周到的物业服务。

物业商务服务主要分为专项服务和委托性的特约服务。

（一）专项服务

专项服务是指物业管理企业为业主就某一领域提供的专门服务，具体包括以下几类：

(1) 日常生活服务。

(2) 商业服务。

(3) 文化、教育、卫生、体育服务。

(4) 金融服务。

(5) 经纪代理中介服务。

（二）委托性的特约服务

特约服务是指物业管理企业为满足物业产权人、使用人的个别需求，受其委托而提供的服务，通常指在物业管理委托合同中未作要求，物业管理企业在专项服务中也未设立，而物业产权人、使用人又提出该方面的需求，此时，物业管理企业应在可能的情况下尽量满足其需求，提供特约服务。如小区内老年病人的护理、接送子女上学、照顾残疾人上下楼梯、为住用人代购生活物品等。

🔁 案例评析

实践证明，没有业主的理解和支持，物业管理企业即使依法照章办事，有时也难以做好服务工作。从这个意义上讲，一个好的物业管理者首先应当能够做好服务对象的思想工作。

任务二　物业商务服务的标准

🔁 案例导入

家政服务要细心　开工之前要确认

5月上旬的一天，正丰豪苑管理处服务中心接到一位业主的电话，要求家政服务中心安排专门的家政服务人员蒲玉琴去完成卫生清洁工作。蒲玉琴来到业主家中时，只有业主的父亲在家，经过询问后才得知工作内容主要是擦拭客厅和走道的地板。蒲玉琴在征得业主父亲的同意后就开始打扫。不料当业主回家后，打电话到管理处投诉家政服务操作不当，导致木地板表面擦拭后没有光泽，而且操作过程中将地板两处刮伤。

管理处通知相关人员进行现场调查发现，客厅茶几下木地板的表面的确有细微的刮痕，用手触摸地板也的确有黏手的感觉。业主认为地板没有光泽是服务人员没有使用纯棉毛巾和乱用清洁剂造成的，两处刮痕则是工作中搬动茶几所致。经过与服务人员沟通后得知，是业主自己在清洁地板时使用玻璃水引起的，使用玻璃水清洁地板后地板会发黏，容易落灰，且光泽度较差。至于两处轻微的刮痕，服务人员说在服务过程中根本就未曾动过茶几。管理处工作人员对业主做了详细的解释，业主表示认同。

知识探究

对业主而言，物业商务服务的开展能够使其得到所需的服务，对物业管理公司而言，在创收的同时还能得到业主的认可，是一种双赢的业务拓展活动。

某小区物业商务服务标准见表3－1。

表3－1　　　　　　　　　　　　某小区物业商务服务标准

类别	序号	服务内容	收费标准	操作规程	备注
车辆停泊服务	1	大车（黄牌）停放 单位：辆	长期停放：240元/月 临时停放：5元/次，10元/夜	(1) 长期停放：车辆业主到客服中心前台办理停车卡（卡上标明车牌号、姓名、房号、联系电话、交费起止时间），客服做好停车卡台账，一式三份，财务、安保、客服各一份并及时做好更新工作，财务室要进行监控管理； (2) 临时停放车辆：进入小区的车辆由当班队员发放临时停车卡片，记录后进入，停车卡片上须填写车牌号、进入时间，车辆驶离小区时当班人员必须将发放的临时停车卡片收回，并按规定标准收费，填写记录台账； (3) 巡逻岗做好小区车辆停放的规范管理。	(1) 进入小区执行抢修检修任务、救护等特殊任务车辆及业主的搬家车、送货车辆和临时停放车辆（15分钟内）不得收取停车费； (2) 超过零点的，按夜间停放标准收费。
	2	小车（蓝牌）停放 单位：辆	长期停放：150元/月 临时停放：5元/次，10元/夜。私家车位：1.2元/m²/月		
	3	三轮摩托车（含助动车）单位：辆	长期停放：45元/月 临时停放：2元/次，4元/夜		
	4	二轮摩托车（含助动车）单位：辆	长期停放：30元/月 临时停放：1元/次，2元/夜		
	5	自行车 单位：辆	长期停放：10元/月 临时停放：1元/次，2元/夜		

续表

类别	序号	服务内容	收费标准	操作规程	备注
广告场租费	1	小区门前广告	短期（月、季）：40m²/元 长期（半年、年）：35m²/元	(1) 广告人员到客服中心填写登记申请表。 (2) 管理处负责人同广告人员实地确认（广告位置符合公司规定）； (3) 签订广告场租合同，到财务室缴纳费用。 (4) 客服中心凭收据发放场租许可证。 (5) 客服中心建立场租台账并定期检查广告，到期或破损的需要通知相关人员拆除。	广告拆除的原因如下：不可预见因素；政府部门规定；物业公司管理与建设的需要。
	2	小区公共部位广告（绿化地、道路边、单元口、电梯前室等）	小型（≤1m²）：50 元/个/月 中大型（5m²～8m²）：30 元/月/m²		
	3	电梯轿厢广告（单位：个/轿厢）	短期：150 元/个/月 长期（半年、年）：100 元/个/月		
土建材料经营	1	小区经营黄沙、水泥等半年以内	管理费 5 000 元	(1) 经营人员到客服中心填写登记申请表。 (2) 按照时间到财务室缴纳费用与保证金。 (3) 财务室、客服中心建立经营服务台账。 (4) 客服中心凭收据发放进场许可证。 (5) 客户服务部、安保部严格管理。	
	2	小区经营黄沙、水泥等半年以上	管理费 10 000 元		
家庭装修服务	1	明装排风扇（暗装加倍）	5 元～10 元/部	(1) 维修人员接到客服中心的上门有偿维修服务安排通知后，查看工具箱，根据业主的服务项目带齐必要的工具。 (2) 维修人员应按照业主要求的服务时间稍提前到达；若因故不能到达，应事先致电业主另约时间。 (3) 维修人员到业主家进行例行检查、应急维修或有偿服务时，必须穿着干净的工作服，佩戴工作号牌，以便业主监督，在进入业主家里前，应穿好鞋套，征得业主的同意后再进入。 (4) 维修人员到业主户内，工具袋应背在肩上，其他工具和材料应拿在手上，并与地面保持一定距离，不能在地上拖着走；若有天花板、吊顶作业，必须带好铝合金扶梯；所携带工具不能有明显污迹。 (5) 维修人员在维修服务前，应主动出示有偿服务价目表，业主无异	不含材料费。
	2	明装抽油烟机（暗装加倍）	10 元～20 元/部		
	3	安装热水器（非管道气）	10 元～20 元/部		
	4	安装灯具/门铃/厨柜	10 元～20 元/部		
	5	安装浴缸	80 元～120 元/套		
	6	安装窗帘盒、纱窗	30 元～50 元/套		
	7	安装晾衣架、晾衣竿	10 元/套		
	8	粉刷墙壁、贴装墙纸	3 元～8 元/m²		
	9	贴铺地板砖	25 元/m²		
	10	其他	面议		

续表

类别	序号	服务内容	收费标准	操作规程	备注
家庭维修服务	1	检修电器	30元~60元/部	议并在有偿服务凭证上签字确认后，才能展开维修服务，业主如有疑问须解释清楚。 （6）若带对讲机，必须把音量调至最小，听到呼叫必须出业主户外才能应答；若要借用电话回复客服中心，应征得业主同意，若业主主动提出借用电话，必须长话短说，并尽量降低音量；工具、材料和拆卸的零件不能随便放在地上，以免弄脏地板。 （7）若工作中可能产生灰尘或物品阻挡不能开展工作，需事先将可移动的物品搬走时，应征得业主同意，不能移动的物品则需在物品上铺塑料膜或报纸遮盖。 （8）工作时轻手轻脚，尽可能不发出噪声；无法避免时，应事先向业主讲明。 （9）例行检查应告诉业主检查情况，并说明有无问题、需注意事项、应该怎样正确使用。 （10）若需要更换零件，原则上由业主自己购买，如业主委托工作人员购买，购买价格须征得业主认可。 （11）工作期间，若业主有事要外出，户内又没有其他人，维修人员应自觉取消约定并另约时间上门。	不含材料费
	2	疏通下水管道（支管）	30元~50元/次		
	3	修理、更换空气开关/插座/电话盒	10元~20元/次		
	4	修理、更换水阀/水龙头/各类软管	2元~5元/次		
	5	修理、更换灯泡/日光灯/灯罩	10元~20元/次		
	6	修理洗脸盆/菜盆排水道/马桶浮球	10元~20元/次		
	7	换室内给水管道	5元~10元/户		
	8	换信箱锁	5元~10元/户		
	9	自行车小修	面议		
	10	改造天花板、地板	面议		
	11	修门锁	面议		

　　物业商务服务对物业管理企业而言既是机遇也是挑战。物业管理企业在为业主提供更全面快捷服务的同时也增加了企业的利润，对企业有重要的积极意义。但是提供有偿及增值服务，有时会产生误解及纠纷，这就要求物业从业人员提高专业素质和工作能力，物业管理企业提高和增强管理能力，从而满足业主需求，提高企业的美誉度和知名度。

📑 案例评析

　　物业企业管理处应要求家政服务人员按照公司的各项规章制度操作。就清洁工作而言，在清洁之前，家政服务人员应对要清洁的区域进行检查，对于有损坏的地方或以前清洁不到位的地方，要与业主当面确认；应了解清楚业主喜好或忌讳的清洁方式、清洁用品，避免发生不必要的纠纷。

项目小结

　　不同的物业管理企业对物业商务服务所确定的种类略有差异，价格标准要依据有关法律法规以及市场价格来进行定价，通常会比市场价格低 10％。本项目对物业商务服务的相关内容进行了介绍，可以更好地做好服务，提高业主满意度。

实训练习

一、问答题

如何区分物业商务服务与物业所提供的基本服务？

二、综合案例分析题

案例名称	小区安全
工作任务	地处浦东一处高档的具有欧美风情的外销别墅，里面大多住着跨国公司的老板与主管，每月管理费高达 1.5 美元/平方米。支付这样的管理费应该享受到高层次的、优质的管理与服务，其中低价有偿帮助照看小孩也是服务项目之一。这项服务很受业主欢迎，经常有业主打电话来预约。 　　一天中午，管理处的顾小姐因要去参加一个重要的会议。临走时突然接到别墅内 A 座 12 号瑞士籍业主的电话，说因下午要去参加一个聚会，想请顾小姐去家里帮忙照看一下孩子。她家共有 3 个孩子，最小的仅几个月。这让顾小姐感到为难：一边是自己的重要会议，一边是关系到公司声誉的业主需求问题。顾小姐顾不上太多的思考，一口答应了业主的请求，到她家照看小孩去了。 　　次日，有人问起顾小姐："当时，你完全可以回绝她，跟她说对不起，今天我已有重要安排了。她一定会通情达理接受的。"顾小姐说："当时也没有想太多，只是想到业主有需求，我们就应满足。因为我们的服务理念是'100％为业主服务。'维护公司信誉是大事。"
完成时间	15 分钟
任务目标	体会与不同类型的客户沟通，赢得客户的认可。
任务要求	分析此案例，要求深刻理解物业商务服务的根本。
研讨内容	
研讨成果	

续表

案例名称	小区安全
讨论过程	
自我角色	
自我评价	
小组评价	
教师评价	

项目四 物业管理现场巡查服务

📨 **问题引入**

物业管理现场巡查服务的具体内容和标准是什么?

💬 **项目导读**

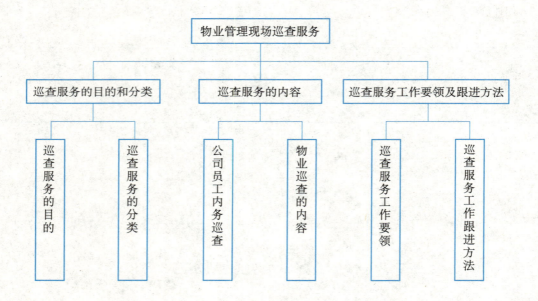

🎯 **学习目标**

住宅小区内物业巡查服务的目的主要是及时发现、记录、解决现场管理中存在的各种问题;消除治安、消防等隐患,杜绝违章装修,将违章装修施工消除于萌芽状态,确保公共设施设备处于良好状态;检查管理清洁、绿化、保安、维修工作,增加与业主的沟通机会等。其目的是将员工的被动工作转变为主动工作,防患于未然。

知识目标: 掌握物业管理巡查服务的目的及内容、巡查服务的要领及跟进方法。

能力目标: 能够对小区物业各个区域独立进行巡查,对发现的问题采取正确的处理方法。

任务一　巡查服务的目的和分类

案例导入

地下车库发现可疑人员

2019年5月4日晚20：45分左右，中班当值巡逻岗梁达明在巡查一期地下停车场时，发现一名可疑人员，在准备上前盘查时，该可疑人员转身逃跑。巡逻岗队员梁达明边追边向当值领班汇报，在追的过程中对方又有两人赶来接应，为保证自身的人身安全，梁达明未莽撞行事，放弃追寻，可疑人员落荒而逃。因身处位置属于未交楼区域，导致对讲机信号无法传达到位，等支援人员到达现场时，三名可疑人员已逃脱。经过现场查看，车场内重要设施设备并无被破坏迹象，他们想盗窃的物品为消防公司施工现场的材料，三人逃脱的位置为F13别墅与四期工地隔离围栏处，在围栏下方发现人为破坏的洞口。随后他们联合当值领班及巡逻岗对车场内和工地区域进行排查，并未发现可疑人员踪迹，通过这些人对现场环境的熟悉程度判断，初步确定其为工地内部人员。

知识探究

物业巡查服务不同于传统意义上的保安工作，在学习过程中要从不同的角度来理解和区分巡查员和保安之间的联系和区别，正确看待物业巡查工作在现代物业服务领域的积极作用。

一、巡查服务的目的

物业巡查服务即通过每日不间断的巡查，及时发现服务中的不规范、不合格之处，立即予以纠正、整改，保证物业管理工作始终处于较高水准，保障园区的工作生活环境，为客户提供满意的服务。

二、巡查服务的分类

物业管理处各岗位的人员在巡查时，其重要的工作内容是发现现场管理中存在的问题并与业主沟通。

为了增强巡查人员的责任意识，扩大责任范围，由管理处经理与各岗位人员分别签订巡查责任状，明确采用专业巡查和综合巡查相结合的方式，整合各岗位的巡查内容，与业主沟通时实行首问责任制。

物业管理处内部建立专业巡查和综合巡查的流程，对各个岗位都要进行专业巡查和综合巡查流程培训，其中包括：巡查内容、巡查责任、巡查频次、巡查记录、巡查路线、巡查时间和巡查问题的反馈及解决的方式等。巡查培训可以采用现场讲解示范的方式，明确巡查的内容。

（一）专业巡查

专业巡查即日常物业巡查，大多数以职能划分。比如保安的治安隐患巡查、装修违章巡查、消防违章巡查，维修人员的公共设施设备安全完好状况巡查，清洁员的清洁卫生状况巡查，绿化人员的园林绿化维护状况巡查等。

（二）综合巡查

综合巡查，即把住宅小区现场管理作为一个整体，每个人都要有团队精神，对存在的各种问题进行全面巡查（现场管理中的物业管理问题及相关的其他专业问题，比如热力、给排水、电信、电力、有线电视等），满足业主对解决这些问题的需求和潜在需求。

从管理角度来说，综合巡查需要按照流程整合巡查内容，并且重新界定责任，比如楼道内巡查包括楼道内卫生巡查、维修问题、安全隐患等。由于清洁员每天至少要清洁楼道一遍，比较容易发现各种问题，所以把楼道内巡查内容由原来的岗位分工整合成一个整体，主要由清洁员承担巡查责任，界定第一责任人为清洁员，第二责任人为维修人员，第三责任人为保安员。

案例评析

该项目地面上的建筑已经交给物业管理，但是地下车库没有移交，一期和二期地下车库全部联通，之间有围栏隔离，因施工原因多处可以出入。地下车库没有灯光，对讲机没有信号，安全隐患较多。在加强防范的同时，也应提醒施工单位关注材料的堆放和安全管理等问题。

在本案例中，该巡逻岗队员认真履行工作职责，及时制止外来人员实施盗窃行为，使公司财产免受损失。

任务二　巡查服务的内容

案例导入

车辆被人为刮花

2019 年 9 月 20 日 9：30，管理处接到值班组上报，二期地下车库 150 号车位车辆被人为刮花（车牌号码：粤×××885），车主在场，自己发现情况后告知值班人员。值班人员立刻通知管理处经理、安管主任一同到场，询问现场情况及受损情况：车身右侧后车门有约 16cm 的划痕，车头有约 1cm 的划痕，其他部位完好。根据现场情况，物业管理公司做了以下工作：

（1）当即对现场车辆受损情况拍照。

（2）复印车主行驶证、身份证存档留底。

（3）调出该车辆进出场时间记录明细。

（4）报警，物业服务人员向警察如实提供了现场情况及记录。

（5）同车主协商，报保险公司进行理赔。

知识探究

一、公司员工内务巡查

（1）仪容仪表：着装整洁、佩戴工作牌。各班组班长以上干部负责巡视各自岗位上的人员着装是否合乎要求、是否佩戴工作牌。

（2）服务态度：说话和气，使用文明用语，不与业主（住户）发生争吵。物业人员应在工作中按照客服人员的从业标准严格要求自己，真正为客户解决疑难问题，维护公司声誉，为业主着想，提供满意服务。

（3）工作纪律：按时上下班，无迟到早退现象，不做与工作无关的事。

（4）值班室及内部用房：整洁卫生，材料工具摆放整齐，无乱堆乱放，无垃圾。

（5）库房标准：仓库标识清楚，记录清楚，摆放整齐，领退手续完备。

二、物业巡查的内容

（一）房屋

（1）空置房干净、整齐、卫生、无垃圾、设备设施完好，能随时交付。

（2）二次装修严格按各项规章制度进行，有施工证、审核后的有效图纸、出入证、动火证、材料入场单、垃圾清运单等，无违章装修。

（3）楼道墙壁无乱画、乱涂，电梯间无乱扔现象。

（4）入住业主生活和工作秩序正常，无不良干扰。

（二）维修保养

（1）维修人员维修及时、认真负责、维修效果良好，业主（住户）满意。

（2）维修人员按计划对公共设施设备进行正常巡查、维保。

（3）巡查范围无安全隐患，如通道被堵、私拉乱接电线、通信设备损坏、室外水管渗漏、人行道破损等。

（三）设备运行

（1）各类设备运行正常，运行工按操作规程执行各项操作。各种表箱、电表、楼道用电情况，单元门情况，对讲、天井、楼道窗及私家设备情况等正常。

（2）设备参数均应在控制范围之内，无超标超限现象发生。

（3）各类记录齐全完整，符合要求。

（四）治安

（1）巡查有无可疑人员在楼内闲逛或张贴、分发小广告或推销。

（2）各类通道门、公共门、机房门、业主房门锁完好无损，能正常使用。

（3）中控室机器设备运转正常。

（五）车辆管理

（1）巡查有无车辆乱停放。

（2）按规定对进出车辆进行登记。

（六）清洁卫生

（1）巡查楼道内、前室内有无垃圾乱堆乱放现象。

（2）巡查垃圾站是否及时清理。

（3）巡查室外各类水井、水箱有无堵塞现象。

（4）巡查室内外、楼层公共部位的卫生是否清洁。

（5）巡查消杀工作是否按计划进行。

（6）巡查公共部位清洁是否按规定进行。

（7）巡查有无卫生死角。

（七）绿化

（1）巡查树木花草有无损坏、枯死现象。

（2）巡查树木花草是否需要进行修剪、除杂草、除病虫。

注意：巡查时遇突发紧急事件则应立即处理。

拓展资料

对小区公用配套设施的归属应作具体分析

小区公用设施的归属主要区分以下情况：

（1）小区的道路、绿地、休憩地、空余地、电梯、楼梯、连廊、走廊、天台等。这类公用配套设施是构成住宅小区整体不可缺少的要素，与整个住宅小区构成不可分割的整体，其本身并不具备独立产权的意义。事实上，这类公用配套设施的面积很多已作为公摊面积分摊到业主所购房屋的建筑面积中。对于此类公用配套设施，无论购房合同对其归属如何约定，都属于小区全体业主共同所有。

（2）小区的停车场、会所、户外广告位等。这类公用配套设施也与小区业主的生活有重大关系，但相比以上公用配套设施，该类公用配套设施还不足以重大到对业主的日常生活具有决定意义，离开这类公用配套设施，小区业主也不至于无法使用自己的房屋。更为重要的是，这类公用配套设施并不作为公摊面积分摊到业主所购房屋的建筑面积当中。因此，对于这类公用配套设施，允许开发商与业主在买卖合同中就其归属作出约定。

无论小区的公用配套设施是属于全体业主所有，还是由开发商保留权利，小区的公用配套设施都必须按照规划用途提供给全体业主共同使用。某些公共设施在权属上属于开发商，但作为所有权人的开发商不得自由处分这类公用配套设施，而应当将公用配套设施提供给全体业主使用，当然这种使用可以是有偿的。开发商对小区公用配套设施所有权的行使受小区业主公共利益的限制，必须服从于小区业主使用公用配套设施的需要。因为能够使用小区的所有公用配套设施是每位业主在购买房屋时的合理期待，这一点无论在购房合同中是否作了约定，都应当是不言而喻的，开发商负有担保购房业主使用小区的所有公用配套设施的义务。

因此，即使某些公用配套设施约定由开发商保留权利，开发商也不得擅自改变该类公用配套设施用途或不将该类公用配套设施开放给业主使用。擅自改变小区公用配套设施的用途即构成侵权，侵犯了业主对小区公用配套设施的共同使用权，应当立即停止侵权并恢复小区公用配套设施原状。

改变小区公用配套设施用途须征得业主同意，并经规划部门审批。

小区公用配套设施用途的改变必须符合两个方面的条件：第一，取得小区全部业主（至少是大多数）的书面签名同意；第二，征得国土规划主管部门的审批同意。

实践中，小区公用配套设施用途被改变的情形往往是开发商或者物业管理公司擅自将小区公用配套设施改变为商业用途，用于出租获利。这种行为一方面构成对小区业主的侵权，属侵权行为，另一方面又违反了相关法律法规，属违法行为。因侵权行为给业主造成的损害，业主可主张损害赔偿；因违法行为获得的租金收益属于非法所得，应予以没收。损害赔偿与没收非法所得是两个不同的法律关系，损害赔偿的数额绝不等同于非法的租金所得。对于损害赔偿的数额，业主应当举证证明，但是业主无权要求返还租金收益或以租金收益直接冲抵损害赔偿。否则，将非法的租金所得转移给全体业主享有，违背了任何人不得基于违法行为获得利益的法律原则。

🔁 案例评析

物业管理公司应加强地下车库巡查力度，全面安装电子监控，防患于未然。

任务三　巡查服务工作要领及跟进方法

案例导入

业主家被盗，物业公司是否有责任

时间：2011 年 6 月 7 日

地点：花样年华三期四座

早晨 7：30 分左右，901 业主致电监控中心，并同时报警，称自己家中被盗，安管部赶赴现场了解情况，等待警察前来取证，并将此事上报上级领导。据业主自述，钱包被动过，并丢失外币一沓，折合人民币约 7 000 元。约 5 分钟后，警察到场对现场情况做了详细的询问、勘察并取证。

上午 10：00 左右，1102 业主致电监控中心，并同时报警，称自己家中被盗，安管部赶赴现场了解情况，等待警察前来取证，并将此事上报上级领导。据业主自述，钱包被动过，丢失人民币 800 元现金。约 5 分钟后，警察到场做详细的询问，勘察并取证。

知识探究

一、巡查服务工作要领

（一）制定巡查制度

（1）每周对所有配电房巡查一次，并做好记录，检查设备运行状况，包括外观、声音、气味、温度、电压、电流、开关和指示灯状态，以及机房照明和附属设施状况。

（2）每月一次统计用电量及电压变化情况。

（3）每月一次对每层配电箱进行巡查，发现问题及时维修。

（4）为保障本物业小区能在紧急情况下正常配电，技术员必须每月对后备发电机运行操作 2 次，以保障市电停止后，仍能保持消防系统及污水泵系统正常运作。

（5）定期查看机油、柴油是否满足使用，不足使用时应填报申请后及时补充（申请单上附发电机检查表）。

（6）每两周对公共区域、走廊各照明灯具、疏散指示灯、安全出口指示灯、应急照明灯检查一次，出现损坏及时更换。

（7）定时开关公共区域的路灯、草坪灯。

（8）每周一次巡查各水泵运行状况，检查控制箱电流、电压、指示灯状况和水压等，发现问题及时检修。

（9）每月至少一次巡查管道、阀件接口有无异常。

（10）每月对消防泵至少进行一次试机，时间不低于 10 分钟。

（11）每月至少一次检查消防水池浮球装置、进出水阀门及放水阀。

（12）每周一次巡查污水泵运行状况，检查控制箱、液位报警装置工作状况，包括清理调节池隔栅垃圾。

（13）雨季每天检查各集水井泵工作状况（包括手动、自动和控制箱指示灯），清理调节池隔栅垃圾。

（14）每周一次巡查各水泵运行状况，检查控制箱电流、电压、指示灯状况和水压等，发现问题及时检修，并做好记录。

（15）每月至少一次巡查管道、阀件接口有无异常，并做好记录。

（16）负责小区内生活用水，若要维修须提前通知住户，避免影响住户用水，并做好记录。

（17）每周一次检查电视监控设备的运行情况，包括摄像机、镜头、放录机、传输信号、接收图像的调校，发现故障及时维修，若维修不了，报请专业公司修理，并做好记录。

（18）弱电监控室实行 24 小时专人值班制，并填写值班记录，由保安部负责具体实施。

（19）弱电监控室的工作人员除例行保安监控外，还要对小区内的电梯进行监控，遇紧急情况要及时通知设备维修人员，并及时应用电梯配置的通信对讲系统或其他可行方式，详细告知电梯轿厢内被困乘客应注意的事项。

（20）值班人员如遇不法分子或乘客蓄意破坏电梯等设备设施的行为时，要及时通知保安进行制止或报警，并对破坏的设备依法索赔。

（二）明确巡查方式

明确采用专业巡查和综合巡查相结合的方式，整合各岗位的巡查内容，与业主沟通时实行首问责任制。

（三）巡查流程优化

以组团为单位分成各个班组，每个班组中的两人或三人自由组合，组成互助组；由于至少两人组成互助组，可以把原来的每个人的连续流程转变为各岗位之间的巡查合作。各岗位之间沟通合作，淡化职能分工，通过合作减少不必要的重复劳动，从而提高效率、保证效果。比如，任何人员发现小区存在安全隐患都有义务汇报并做好记录。

再比如，维修岗与清洁员的合作：对楼道的巡查，平均每个维修人员负责 50 个单元巡查，按每天 5 个单元计算，若巡查一遍需要 10 天，而清洁员每天都至少要清扫楼道一遍，通过巡查内容的整合，清洁员可以及时反馈楼道维修问题，维修人员针对有问题的楼道做好重点巡查。维修岗与保安员的合作：关于路灯不亮的问题，若每天安排维修人员夜间巡查，会造成维修人力资源的浪费。由每天夜间巡逻的保安员记录好不亮的路灯，及时通知维修人员，在次日就能解决问题。

二、巡查服务工作跟进方法

（一）巡查记录及处理

（1）日巡查记录填入日工作检查记录表中，一日一张。

（2）周末班长以上干部向部门经理上交一周工作小结，其中应列出本周及下周的巡查重点。

（3）巡查过程中，主要记录发现的问题，对业主的提议、建议、意见及自己在工作中的想法也要予以认真记录。

（4）对巡查中发现的问题进行分类处理，具体如下：

1）收集的管理意见，在日工作检查表中要填写清楚，上报管理处经理。

2）巡查发现的轻微不合格，即刻通知整改，同时在表中反映，并安排下次巡查中复检。

3）严重不合格的问题，填写不合格单。

4）发现违章行为，按违章处理规定执行。

5）各班长将当日情况于次日上午汇总至相关部门，以便填写每日情况汇总表。

6）夜间值班及领导查岗须填写夜间值班记录和查岗记录表。

（二）巡查时间

（1）班长每天1～2次巡检管辖区域。

（2）主管根据情况每天1次巡查所辖区域。

（3）夜间值班人员22：00以后巡查各机房站点。

（三）注意事项

（1）每天的巡查应能覆盖要求检查的内容，每天巡查的项目可各有侧重。

（2）每天检查前一天报各部门的问题的完成情况，对未完成事项继续催办。

（3）本着分工不分家的原则，巡查时发现的非自己管辖范围内出现的不正常或不合格的现象，也应及时通知相关人员。

（4）一周工作小结中所记录的内容要求清晰、简洁、准确。

（5）公司总经理及部门经理对每天的值班记录进行审核。

（6）对管理区域内业主违章行为进行有效劝阻，并引导其纠正。

➡ 案例评析

首先要看物业是否尽到了管理义务。

如果物业按照规定安排安保人员进行了巡查，进出小区的非住户都有登记，主要路段和单元门处都有摄像监控，而且按照法律规定的期限进行了资料保存，那么就可以认为物业公司没有责任。如果物业公司未做好上述工作，则可以认为物业管理工作有瑕疵，物业服务环节中有失职行为。但即使物业有管理责任，也不能因此就要求物业承担业主家中被盗的全部责任。

其次，物业公司不是保险公司。业主的物业费是用来维持小区正常运作的费用。公共秩序维护只是其中一小部分开支。若认为自己交了物业费，物业公司就该为一切事物负责，这也是不符合物业管理相关法律规定的。

物业公司工作人员发现可疑情况时：（1）控制现场，及时上报领导知晓并处理此事；（2）记录目击者和失主的相关资料，并了解情况；（3）确认事情发生的时间、地点等，做好记录；（4）报警并配合警察了解现场情况，如实提供各种记录。

项目小结

住宅小区内物业巡查主要是及时发现、记录、解决现场管理中存在的各种问题，消除治安、消防等隐患，将违章装修施工消除于萌芽状态，确保公共设施设备处于良好状态。在实际工作中发现物业巡查存在诸多问题，如没有建立日常巡查制度，有完善的巡查制度但没有得到执行；有专业巡查没有综合巡查，但各专业巡查只注重本专业内容而不注意综合的、全面的内容巡查，巡查人员的责任心不强等。本项目对此加以总结概述，需认真学习。

实训练习

综合案例分析题

案例名称	物业巡查
工作任务	（1）小张和小李是某物业公司的保安员。因为天热，小张没有戴领带就去巡查了。小李在对楼层进行巡查时，为图方便，乘坐客用电梯进行巡查。保安队长在对保安员的着装及工作检查中，发现了两人的错误行为，并进行了批评教育。 （2）某小区业主的轿车被盗。业主认为，自己交了物业费后，轿车在有保安的小区被盗，是保安员没尽到职责，物业公司应承担责任。在协商未果后，业主就在小区门口挂上了"物业未尽到责任"的大条幅。 （3）小明、小强和小超三个小朋友一起在所居住的楼道里玩，发现楼顶层的门没有锁，于是便跑到楼顶上嬉戏。后来三人发生争执，小明、小超用身边的水泥片打小强，小强向楼顶围墙的一侧后退，小明、小超追打，结果一块水泥片飞过围墙下落，正好打在院子里玩耍的小女孩小玲的头部，致其当场昏迷。物业公司保安员发现后立即将小玲送到了医院，经抢救脱险。小玲住院30天，花费医药费等28 000元。事后，小玲的家长向物业公司及小明、小超的家长提出赔偿请求。物业公司认为伤害是由小明、小超直接引起，事发后物业公司又积极送小玲到医院，已尽了管理职责，不应再承担赔偿责任。而小明的家长推脱说打中小玲的水泥片不是自己的孩子投掷的，不想赔偿。小超的家长认为小玲受伤是多种因素导致的，四方均应担责。
完成时间	15分钟
任务目标	分组分析案例。

续表

案例名称	物业巡查
任务要求	(1) 分组讨论案例处理方法，按各自的方法分角色扮演； (2) 分析哪组同学处理得比较好，为什么?
研讨内容	
研讨成果	
讨论过程	
自我角色	
自我评价	
小组评价	
教师评价	

物业客户心理及行为分析

问题引入

什么样的业主才是好业主？业主到底是怎么想的？有些业主为何难以打交道？物业从业人员经常发出这样的感慨。到底是业主太挑剔，还是我们的服务不到位？

项目导读

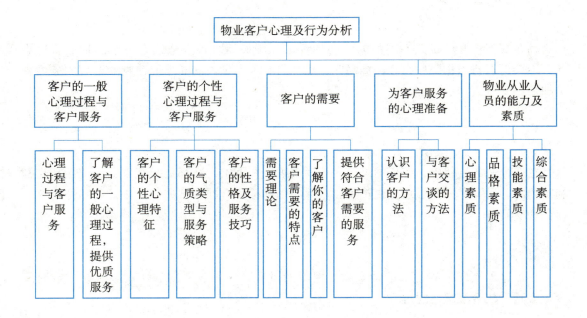

学习目标

随着经济社会的发展，物业管理行业逐渐步入"以人为本，业主至上"的时代。物业服务人员必须懂得一定的心理学知识，熟练掌握心理学技巧在物业管理中的应用，有效处理好物业管理服务企业与业主之间的关系。

知识目标：心理特征与心理定式。

能力目标：能够揣摩业主心理，提供恰当服务。

任务一　客户的一般心理过程与客户服务

🔁 案例导入

　　苏州吴宫喜来登酒店的外籍总经理是荷兰人，他给自己取了一个中国名字，叫作荷恩天。有一次，一位美国客人说："老总，我每次来都看到你很忙啊！"他回答道："先生，要让咱们喜来登真正像个五星级的酒店，我需要每天上上下下大概三十次。"

　　他接着介绍说，自己平时很少讲话，但会一直用手势示意。例如，当一个大堂经理站的位置不对时，自助餐餐具没有摆好时，当有人声音太大、动作太慢时，他都会用手势示意。他就这样每天亲自在酒店内来回巡视，连游泳池的安全都会亲力亲为。

🔁 知识探究

　　物业管理企业应研究不同的客户心理诉求和服务需求，实施以人为本的物业管理服务，不断更新与深化服务内容，提高服务水平与服务质量，这样才能使物业管理服务内容更加贴近客户。

一、心理过程与客户服务

　　在客户服务过程中，客户的思想、行为表现千差万别，这都是受客户的心理活动支配和制约的。研究客户的心理变化过程和个性心理特征，有助于掌握客户心理，以便为客户提供优质服务。

（一）心理过程的概念

　　心理过程是指人的心理活动发生、发展的过程，在客观事物的作用下，在一定时间内，大脑反映客观现实的过程。

（二）人的一般心理过程

　　（1）认知过程（知）：是人在认识客观世界的活动中所表现的各种心理现象，包括感觉、知觉、注意、记忆、想象、思维等。

　　（2）情感过程（情）：是人认识客观事物时产生的各种心理体验过程。

　　（3）意志过程（意）：是人为实现奋斗目标，努力克服困难，完成任务的过程。在意志过程中产生的行为就是意志行为（行），如决策、行动等。

　　知是产生情、意的基础；行是在认知的基础上和情的推动下产生的，它能提高认识，增强情感，磨炼意志。

知、情、意不是各自孤立的，而是互相关联的统一整体，它们相互联系、相互制约、相互渗透。

（三）客户的一般心理过程与客户服务

1. 客户的感觉

客户通过感觉可以接受大量的服务信息，经过大脑，产生对这些服务的个别的、表面的特性反映，形成初步的印象。例如：客户通过视觉观察到客户服务人员的面部表情，通过听觉分辨服务人员说话的声音，通过动作感受服务人员的情绪，进而对客户服务人员的服务作出分析判断。

2. 客户的知觉

知觉是人对感觉信息的解释过程，是各种心理活动的基础，它能刺激人们的需要并为满足人们的需要进行实践。客户往往根据知觉来判断客户服务人员的服务质量，并根据以往的经验对服务产生相应的联想和认识。例如，客户对优质服务往往感觉得比较全面、细致和深入，而对不能满足其心理需求的服务，往往感觉得比较片面、简单、肤浅。

3. 客户的记忆

客户的记忆是对经历过的事情的反映。例如，客户曾受到某服务人员的热情招待，他就会对这个服务人员留下深刻印象。相反，如果客户曾受到某服务人员恶劣的服务，那么就会在客户心里留下难以抹去的阴影。这是一种记忆维持。

4. 客户的注意

注意通常是指选择性注意，人在同一时间内不能感知很多对象，只能感知环境中的少数对象，而要获得对事物清晰、深刻和完整的反映，就需要使心理活动有选择地指向有关的对象。人在清醒的时候，每一瞬间总是注意着某种事物。通常所谓"没有注意"，只不过是对当前所应当指向的事物没有注意，而注意了其他无关的事物。例如业主在选购房屋时，会对心仪的房型特别关注；人们在专注开车时，密切关注路况。这就是"有意注意"。

无意注意是没有预定目的、不需要意志努力、不由自主地对一定事物产生的注意。无意注意又称"不随意注意"，就是我们经常说的不经意。例如客户受广告影响，产生无意注意进而发现该广告所宣传的东西正是自己想要购买的，从而产生购买行为。

5. 客户的情绪情感

情绪情感是人对事物态度的体验。人们常把短暂而强烈的、具有情景性的感情反应看作情绪，如愤怒、恐惧、狂喜等；而把稳定而持久的、具有深沉体验的感情反应看作情感，如自尊心、责任感、热情、亲情等。实际上，强烈的情绪反应中有主观体验，而情感也在情绪反应中表现出来。通常所说的感情既包括情感，也包括情绪。

在客户服务过程中，当客户的需要被满足或被肯定时，便会产生满意、愉快等积极情感体验；当需要不被满足或被否定时，便会产生憎恨、痛苦、不满、厌恶等消极情感体验。

二、了解客户的一般心理过程，提供优质服务

根据客户心理过程的特点，在为客户服务的过程中，客户服务人员要给客户留下美好的、可信任的感觉和认知，应努力做到以下五个方面。

（一）注重个人形象

1. 仪容仪表

仪容，通常是指人的外观、外貌。在人际交往中，每个人的仪容都会直接形成对交往对象的第一印象，并会影响到对方对自己的整体评价。仪表是人的外表各方面的综合要素，它包括人的形体、容貌、健康状况、姿态、举止、服饰、风度等方面，是举止风度的外在体现。

2. 语言

客户服务人员应使用礼貌用语，恰当称呼客户，友好得体地回答问题。

3. 行为举止

客户服务人员应行为举止大方文雅、热情庄重，符合职业道德标准，符合物业服务工作的特定角色。得体的行为举止能给客户留下美好的印象。

（二）端正服务态度

服务态度是指服务者在为客户提供服务的过程中，在言行举止方面所表现出来的一种神态。

服务态度是反映服务质量的基础，优质的服务是从优良的服务态度开始的。良好的服务态度会使客户产生亲切感、热情感、朴实感、真诚感。

优良的服务态度主要表现为以下几点。

（1）认真负责。客户服务人员要急客户所急，想客户之所求，认认真真地为客户办好每件事，无论事情大小，均要给客户一个满意的结果或答复。即使客户提出的要求不属于自己职责范围，也要主动与有关部门联系，切实解决客户的疑难问题。

（2）积极主动。客户服务人员要掌握服务工作的规律，自觉把服务工作做在客户提出要求之前。

（3）热情耐心。客户服务人员要言行举止大方得体，态度热情诚恳，尽量记住客户姓名；保持不急躁、不厌烦，镇静自如地对待客户；要虚心听取客户的意见，严于律己，恭敬谦让。

（4）细致周到。客户服务人员要善于观察和分析客户的心理特点，懂得从客户的神情、举止发现客户的需要，正确把握服务的时机，服务于客户开口之前，力求服务工作完善妥当，体贴入微，面面俱到。

（5）文明礼貌。客户服务人员要有较高的文化修养，语言得体，谈吐文雅，衣冠整洁，举止端庄，待人接物不卑不亢，尊重不同国家和民族的风俗习惯、宗教信仰，时时处处注意表现出良好的精神风貌和个人修养。

（三）创设符合客户需要的服务设施和方式

在物业客户服务中，应创设符合客户需要的服务设施和服务方式，以引起客户的无意注意，同时提高服务的整体质量，以巩固客户的有意注意。

（四）用优质服务增强客户的记忆

客户服务人员应充分认识自己职业的特点，树立正确的职业观，培养高尚的职业心理素质，并在工作中形成良好的职业道德。

在客户服务过程中，客户服务人员应牢记"服务质量就是工作效益"的原则，为客户提供积极、主动、热情、耐心、周到的服务，或通过调动客户的积极情感体验等方式，增强客户的记忆。

（五）保持良好的情绪情感状态

这是对客户服务人员的基本要求。在物业管理中，积极的情感对客户和服务人员都有影响，并且双方的良好情绪情感是相互影响和相互作用的。

案例评析

酒店的外籍总经理的沟通方式效果很好。苏州吴宫喜来登酒店之所以是长江三角洲地区较有影响力的酒店，与这种服务方式有很大的关系。简单来说，通过这种方式，既能够及时发现并解决问题，还能与酒店员工多交流接触。另外，他特殊的非语言沟通方式，也产生了非常快捷、顺畅的沟通效果。

任务二　客户的个性心理过程与客户服务

案例导入

业主丢失停车 IC 卡怎么办？

某天，一车主主动向当值安管员小张说明 IC 卡丢失的情况，请求安管员帮助放行。小张对业主比较熟悉，就想开闸放行，但转念一想，服务中心已多次强调，IC 卡丢失，一定要请业主写一份简单说明并签字后，才能放行，否则责任由当班人承担。于是，小张马上向业主解释 IC 卡丢失后，要立即通知服务中心并抓紧时间补办，现需写一份简单说明并签字后才能放行。

不料业主急于上班，认为这是多此一举。小张却坚持要按规定办，不予放行。由此双方产生了矛盾。

　　小张在此情况下仍面带微笑，耐心地向业主解释必须签字放行的原因，以及可能发生的不良后果，恳请业主给予谅解并配合。在小张的努力下，业主也认识到自己此前行为不当，按照规定写了说明并签字。

📤 知识探究

一、客户的个性心理特征

　　个性心理特征，是指个体在社会活动中表现出来的比较稳定的成分，包括能力、气质和性格。个性的特征具有先天性和后天性、共同性和差异性、稳定性和可变性、独立性和统一性、客观性和能动性。

　　个性心理特征的形成具有相对稳定性，例如形成一个人脾气暴躁、性格外向的印象，其含义是通过一段时间的了解，看到他的一些行为表现，才会产生这样的评价，所以，心理特征在一段时间内具有相对稳定的特性。

　　客户服务人员掌握不同客户的个性心理特征，更有利于服务工作的开展。

二、客户的气质类型与服务策略

　　气质是个人与生俱来的心理活动的动力特征，既可以指个人的性情或脾气，也可以指个人心情随情境变化而变化的倾向，即个体的反应倾向。

（一）人的气质差异是先天形成的，受神经系统活动过程特性的制约

　　巴甫洛夫提出了四种高级神经活动类型：兴奋型、活泼型、安静型和抑制型，分别对应四种气质类型：胆汁质、多血质、黏液质以及抑郁质。

神经类型（气质类型）	强度	均衡性	灵活性	行为特点
兴奋型（胆汁质）	强	不均衡	—	精力旺盛、易冲动、直率热情
活泼型（多血质）	强	均衡	灵活	活泼好动、反应敏捷、善于交际
安静型（黏液质）	强	均衡	惰性	安静稳重、善于忍耐、反应缓慢、有节制、沉默寡言
抑制型（抑郁质）	弱	—	—	孤僻、行动迟缓、观察细微

（二）针对不同气质的人群提供不同的服务

1. 兴奋型客户

　　兴奋型客户的特点是脾气倔强、直率热情、精力旺盛、易兴奋、反应速度快，但易冲动暴躁、自我控制性差、易与他人发生矛盾。

　　在服务中，客服人员应该：

　　（1）及时快捷地满足这类客户的合理要求；

（2）当出现矛盾时，要避其锋芒，尽量在言语、情绪方面稳住客户；

（3）当客户离开时，要提醒他不要遗留随身携带的物品；

（4）不计较客户的过激言语和不太友好的态度，用宽容理解的心态为他们提供服务。

2. 活泼型客户

此类型客户活泼好动、情感外露、反应速度快而灵活、易兴奋，社交能力强，但容易注意力分散、情绪易波动。

在服务中，客服人员应该：

（1）礼貌地回答客户的提问，掌握其善于交际、喜欢讲话的特点；

（2）在推荐项目时，多推荐新、特、奇品种；

（3）遇上客户情感多变时，要热情耐心地做好解释工作。

3. 稳重型客户

这类客户比较内向，言语少、动作迟缓、沉着安静、善于克制忍耐、情绪不外露、做事踏实、慎重细致，但不够灵活，易固执己见。

在服务中，客服人员应该：

（1）与这样客户交谈应避免长篇大论；

（2）不要因为客户的少言而冷落他。

4. 抑郁型客户

这类客户观察细致、沉稳冷静、多愁善感、情绪波动大、脆弱多疑，交往时羞怯、畏缩、不合群。

在服务中，客服人员应该：

（1）尊重客户，交谈时要语意明确，避免误会，不要当着客户的面与他人窃窃私语。

（2）不能打断客户的谈话。

（3）若计划有变，一定要讲清楚，取得客户的谅解。

三、客户的性格及服务技巧

性格是指表现在人对现实的态度和相应的行为方式中较稳定的、具有核心意义的个性心理特征。它是个性的核心部分，最能表现个别差异。性格具有复杂的结构，大体包括以下特征：

（1）对现实和自己的态度的特征，如诚实或虚伪、谦逊或骄傲等。

（2）意志特征，如勇敢或怯懦、果断或优柔寡断等。

（3）情绪特征，如热情或冷漠、开朗或抑郁等。

（4）理智特征，如思维敏捷、深刻、逻辑性强或思维迟缓、浅薄、没有逻辑性等。

业主的性格有的差异比较大，客户服务人员应针对客户的不同性格特征为其提供不同的服务。

对于情绪随和型客户，此类客户性格随和，对自己及以外的人和事没有过高要求，具备理解、宽容、真诚、信任的美德，通常他们愿意与他人交谈，交际能力强，对服务质量有所要求，对新项目会积极参与，不拘小节。

在服务中，客户服务人员对这类客户应提供良好的服务，不能因为对方的宽容和理解而放松对自己的要求。

对于内向服从型客户，此类客户适应环境慢，行动谨慎、迟缓，情感细腻，容易被伤害，有很强的逻辑思维能力，对服务项目持观察、疑虑态度，容易受他人影响，缺乏主见，难于接受自己不熟悉的服务。

在服务过程中，客服人员对这类客户应以诚相待，对客户存在的任何异议都要作出合理解释，争取得到对方的理解。

对于傲慢型客户，这类客户性格外向、独立，很难控制自己的情绪，个性倔强，以自我为中心，虚荣心强，绝不容忍自己的利益受到任何损害，有较强的报复心理。这类客户属于比较难处理的一类。

对于这类客户，在服务过程中，客户服务人员应该学会控制自己的情绪，以礼相待，要用一颗宽容的心去理解和包容他，但也要不卑不亢，保持理智态度。

当然，这里只是举例说明如何有针对性与为客户服务，具体的工作方法需要我们自己去体会，去把握。

➡ 案例评析

没有规矩不能成方圆，物业管理公司出台的每一项制度都是经过反复论证才实行的，无论对方是谁，制定了制度就要执行，其原则是"对事不对人"，否则执行的尺度不一，制度就容易遭到破坏，就会出现工作上的漏洞，同时也给业主留下管理混乱、毫无章法的坏印象。

小张的做法既维护了公司的制度，又获得了业主的理解和认可，值得赞扬。

任务三　客户的需要

➡ 案例导入

停放车辆与登记信息不符怎么办？

许多业主都有自己的私家车位，车主的车辆信息需要在服务中心登记备案。有些车主存在"几台车轮换开、朋友间换车开、临时有事借车开"的情况，这就容易产生登记信息与车辆信息不符的问题。这种情况下安管员工作处理不好，双方很容易发生矛盾和纠纷。

服务中心在工作中遭遇到类似的问题时，坚持具体问题具体分析，并做了适当的变通。首先确认要求进入车位的非登记备案车辆的驾驶人是否为车位的拥有者或其雇请的司机，然后再查明车位有无停放已登记备案的车辆，若有则动员其将车辆停放到附近的收费车场，若无则问清登记备案车辆未归的原因，同时告知该车停放期间，登记备案车辆将不能再进入车场；在对方认可的情况下，做好详细记录，准许非备案车辆进入停放，并在交接班记录上备注信息。

实践证明，变通处理既规范了车场管理，使之井然有序，又避免了机械执行车辆管理规定，最终使业主满意。

🔁 知识探究

需要是有机体感到某种缺乏而力求获得满足的心理倾向，它是有机体自身和外部生活条件的要求在头脑中的反映，是人们与生俱来的基本要求。

一、需要理论

（一）需要的概念

需要是指人体组织系统中的一种缺乏、不平衡的状态。需要一般具有对象性、阶段性、社会制约性和独特性等特征。人类个体需要的产生受到诸多因素的影响，主要有生理状态、情境和认知水平。需要是有机体缺乏某种物质时产生的一种主观意识，它是有机体对客观事物需求的反映。简单来说，需要就是人对某种目标的渴求或欲望。人为了自身和社会的生存与发展，必然会对客观世界中的某些东西产生需求，例如，衣、食、住、行、婚配、安全等，这种需求反映在个人的头脑中就形成了需要。

（二）需要的特点

人类的需要是多种多样的，具体可以分为自然性需要和社会性需要两大类。

1. 自然性需要

自然性需要主要是指有机体为了维持生命和种族延续所必需的需要，它是人与生俱来的低级需要，其中包括为了生存必需的食物、水分和空气；必要的休息、睡眠和排泄；种族延续所必需的性激素分泌；为了避免某些有害的事物和不愉快的刺激所必要的回避和排除等。

人的自然性需要有以下几个特点：

（1）主要产生于人的生理机制，是与生俱来的。

（2）以从外部获得一定的物质为满足。

（3）多见于外表，容易被人察觉。

（4）是有限度的，超过了一定的限度反而有害。

2. 社会性需要

社会性需要主要是指个体在成长过程中，通过各种经验积累所获得的一种特有的需要，是人后天形成的一种高级需要，其中包括物质需要和精神需要。就其物质需要而言，主要是指社会化的物质产品，如必要的衣着、家具、住宅和生活用品；就其精神需要而言，主要是指文化、艺术、科学知识、道德观念、政治信仰、宗教信仰和文化体育生活，以及必要的社会生产和社会交际活动等。

社会性需要主要有以下几个特点：

（1）不是由人的本能决定的，而是通过后天的学习获得的，是由社会的发展条件决定的。

（2）比较内在，往往蕴藏于一个人的内心世界，不容易被人察觉。

（3）大多是从人的内在精神方面获得满足。

（4）弹性限度很大，并且带有连续性。

（三）需要理论

马斯洛认为，需要的产生由低级向高级的发展是波浪式地推进的，在低一级需要没有完全满足时，高一级的需要就产生了，而当低一级需要的高峰过去了但没有完全消失时，高一级的需要就逐步增强，直到占绝对优势。

马斯洛认为，人的需要包括不同的层次，而且这些需要都是由低层次向高层次发展的。层次越低的需要强度越大，人们优先满足较低层次的需要，再依次满足较高层次的需要。马斯洛把需要分为五个层次，即生理需要、安全需要、归属与爱的需要、尊重的需要和自我实现的需要。

1. 生理需要

生理需要是人最原始、最基本的需要，包括衣、食、住、行等方面的生理要求，是人类赖以生存和繁衍的基本需要，这类需要如果不能得到满足，人类的生理机能就无法正常运转。从这个意义上说，它是推动人们行为活动的最首要的动力。

2. 安全需要

当一个人的生理需要获得满足以后，就希望满足安全需要。如人身安全、健康保障、职业保障等。

3. 归属与爱的需要

归属与爱的需要主要包括社交的需要、归属的需要以及对情感的需要。归属与爱的需要也称联系动机，是指一个人在前面两种需要基本得到满足之后，归属与爱的需要便开始成为强烈的动机。人们一般都有社会交往的欲望，希望得到别人的理解和支持，希望同伴之间、同事之间关系融洽，保持友谊与忠诚，希望得到信任和爱等。另外，人们在归属感的支配下，希望自己隶属于某个群体，希望自己成为其中的一员并得到关心和照顾，从而使自己不至于感到孤独。归属与爱的需要是一种比生理需要和安全需要更细致、更难以捉摸的需要，它与一个人的性格、经历、受教育程度、所隶属的国家和民族以及宗教信仰等都有一定的关系。

4. 尊重的需要

尊重的需要，即自尊和受人尊重的需要。例如，人们总是对个人的名誉、地位、人格、成就和利益抱有一定的欲望，并希望得到社会的承认和尊重。这类需要主要分为两个方面：第一，内部需要，即自尊，是指个体在各种不同的情境下，总是希望自己有实力，能独立自主，对自己的知识、能力和成就充满自豪和自信。第二，外部需要，是指一个人希望自己有权力、地位和威望，希望获得别人和社会的认可，能够受到别人的尊重、信赖和高度评价。马斯洛认为，尊重的需要得到满足，能使人对自己充满信心，对社会满腔热情，体会到自己生活在这个世界上的用处和价值。

5. 自我实现的需要

自我实现的需要也称自我成就需要。它是最高层次的需要，指一个人希望充分发挥个人的潜力，实现个人的理想和抱负。这种需要可以分为两个方面：第一，胜任感，它表现为人总是希望干称职的工作，喜欢带有挑战性的工作，把工作当成一种创造性活动，为出色地完成任务而废寝忘食地工作。第二，成就感，它表现为人们希望进行创造性的活动并取得成功。自我实现的需要在于努力发挥自己的潜力，使自己越来越成为自己所期望的人物。

二、客户需要的特点

人的需要是在社会实践中得到满足和发展起来的，受到社会历史条件的制约。客户的需要具有差异性、复杂性、周期性、层次性、伸缩性、发展性和可诱导性。下面仅解释其中的三个特点。

（1）无限扩展性。客户的需求是无止境的，永远不会停留在一个水平上。

（2）多层次性。尽管客户会有多种多样的需求，但不可能同时得到满足，总要按照个体的经济实力、支付能力和客观条件，根据需要的轻重缓急，有序地逐步实现，这便是客户需求的多层次性。

（3）可诱导性。客户需求的产生有些是必需的、最基本的，有些是与外界的刺激诱导有关的。

三、了解你的客户

客户存在暗示需求和明确需求。暗示需求就是客户对难点、困难、不满的委婉陈述，明确需求就是客户对难点、困难、不满的直接具体陈述。

（一）研究客户需求

学会理解客户的多重身份，了解客户的价值观，理解客户需求背后的深层次心理需求，站在客户的角度思考问题。

（二）了解客户的需求

要了解业主的需求，提问题是最直接、最简单而有效的方式，在实际运用中有以下几种提问题的方式：

（1）提问式：单刀直入、观点明确的提问能使客户详述你所不知道的情况。

（2）封闭式：让客户回答"是"或"否"，目的是确认某种事实。问这种问题可以更快地发现问题，找出问题的症结所在。

（3）了解对方身份：在与客户刚开始谈话时，可以问一些了解客户身份的问题。例如对方的姓名、电话号码、工作单位、职务等，目的是获得解决问题所需要的信息。

（4）描述性提问：让客户描述情况，谈谈他的观点，这有利于了解客户的兴趣和问题所在。

（5）澄清性提问：在适当的时候询问，澄清客户所说的问题，也可以了解其需求。

（6）有针对性的提问：例如要问客户对所提供的服务是否满意。

（7）询问其他要求的提问：与客户交流结束前，可以问他还需要哪些服务。主动询问

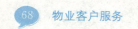

客户的需求，更容易给客户留下深刻的印象。

（三）通过倾听了解客户的需求

在与客户进行沟通时，必须集中精力，认真倾听客户的回答，站在对方的角度尽力去理解对方所说的内容，了解对方的想法和需要，要尽可能多地了解对方的情况，以便为其提供优质的服务。

（四）通过观察了解客户的需求

要想说服客户，就必须了解他当前的需要，然后着重从这一层次的需要出发，动之以情，晓之以理。在与客户沟通的过程中，可以通过观察客户非语言行为了解其需要、观点和想法。

总而言之，通过适当地提问，用心去倾听，以及观察客户非语言行为，客户服务人员可以了解客户的需求和想法，更好地为客户服务。

四、提供符合客户需要的服务

（一）客户需要的具体表现

1. 受欢迎和尊重的需要

客户到访或致电客服中心，客服人员在接待过程中，一定要让客户觉得受到了欢迎，得到了尊重，无论事情是否能够得到解决，客户也会有一个良好的体验，增强客户对物业的满意度。

2. 被重视及理解的需要

客户到访或致电客服中心，客服人员在接待过程中，一定要让客户感觉自己提到的问题得到了服务人员的重视，自己的感受被对方理解。在这样的处理过程中，客户也会有一个良好的心态，无论解决的结果如何，也容易被客户理解并接受。

3. 得到及时有序服务的需要

客户到访客服中心，客服人员在接待过程中，一定秉持及时有序原则。及时接待客户使其感受自己受到重视，有序服务是让客户感觉有一个公平公正的环境，满足客户感觉舒适的需要。

4. 得到识别和称赞的需要

客户到访客服中心，客服人员能够准确称呼客户姓名，使客户有亲切感，能够拉近与客户的距离；反映问题得到赞扬，客户会有主人翁意识，使客服人员容易与客户沟通，得到其信任，取得好的沟通效果。

5. 安全及隐私的需要

客户到访客服中心，客服人员要注意观察客户的状况，对于客户犹豫的态度，应该想到他的安全及隐私需要，为其提供比较私密的环境，再进行良好沟通。

（二）为客户提供优质服务

客户对服务的心理需求包括对有形设施的需要和对无形服务的需要两方面。物业客户服务应为客户提供以下服务。

1. 清洁卫生的服务

清洁、卫生是最重要的心理和生理的需要，它包括环境、设施、设备和用具的清洁卫生。服务人员要养成良好的清洁卫生习惯。

2. 安静舒适的服务

安静舒适的环境是衡量服务质量的重要标准之一。安静舒适的环境不仅能满足客户休息、生活等需要，而且可以让客户产生愉快、满意的情绪，形成一种美的综合享受。

3. 热情亲切的服务

热情亲切是一种稳定而浓厚的情感体验。服务人员对客户热情亲切，可以缩小交往中的心理距离，减少客户的陌生感、疑虑感，促进情感融合，便于交往。热情亲切的具体表现就是服务人员发自内心的真诚微笑服务，没有服务人员的热情亲切的服务，便不会有客户的满意。

4. 主动周到的服务

服务永远不应有被动状态，它要求服务人员主动积极地向客户提供服务，并为客户提供方便，以减少其困难，使客户感到愉快。"想客户之所想，急客户之所急"，这就是周到。

5. 灵活机动的服务

在客户服务中经常会遇到一些突发事件，在这种情况下，客户需要得到服务人员的及时帮助，服务人员应能够灵活、快速地处理问题，这是对客户服务的基本要求，也是一名服务人员应有的基本心理素质。

6. 尊重得体的服务

尊重必须做到得体、恰当。服务人员应注意自己的职业身份，不参与业主的闲聊、不旁若无人地交谈，并与客户保持距离，不侵犯客户隐私。

➜ 案例评析

物业管理中的许多事务非常繁杂，再好的管理制度也不可能面面俱到。执行制度是手段，达到效果是目的，变通就是既要不拘泥于具体管理办法，又要不违背总体管理原则。

案例中服务中心的做法，既突出了"安全"，又强调了"方便"，两者不可偏废，忽略任何一个，都算不上高水平的管理和高质量的服务。

任务四　为客户服务的心理准备

➜ 案例导入

泰国的东方饭店是一家有100多年历史的国际大饭店。多年以来，饭店几乎天天客满，不提前一个月预订很难有入住的机会。饭店经营如此成功的秘诀在于：为客户提供细致入微的关怀，营造舒适的、体贴的环境和氛围，让客户流连忘返。

除了饭店的整体环境让人感到舒适外，格外周到的服务也会让人感到温馨和体贴。比如，史密斯先生入住了这家饭店，早上起床出门，就会有服务生迎上来："早上好，史密斯先生！"不要感到惊讶，因为饭店规定，楼层服务生在头天晚上要背熟每个房间客人的名字，因此他们知道客人的名字并不稀奇。当史密斯先生下楼时电梯门一开，等候的服务生就会问："史密斯先生，用早餐吗？"当史密斯先生走进餐厅，服务生就问："史密斯先生，要老座位吗？"饭店的电脑里记录了上次史密斯先生坐的座位。菜上来后，如果史密斯先生问服务生问题，服务生每次都会退后一步才回答，以免口水喷到菜上。当史密斯先生离开，甚至在若干年后，还会收到饭店寄来的信："亲爱的史密斯先生，祝您生日快乐！您已经 5 年没来入住，东方饭店的全体员工都非常想念您。"

➡ 知识探究

一、认识客户的方法

认识客户是物业客户服务人员的基本功，也是物业服务工作的开始。每个物业客户服务人员都应将认识客户作为提高自己工作质量的前提。认识客户的技巧包括以下几个方面。

（一）主动热情地接近客户

接近是指从接触潜在客户到切入主题的阶段。可以通过以下方法接近客户。

（1）提问接近法。如："您好，有什么可以帮您的吗？"

（2）介绍接近法。主动向客户介绍自己。

（3）赞美接近法。即通过"赞美"的方式接近顾客。俗语道："良言一句三春暖。"通常来说赞美得当，客户一般都会表示友好，并乐意进一步与你交流。

（4）示范接近法。通过展示物业服务的特点，并结合一定的语言介绍，帮助客户了解物业提供的服务。

无论采取何种方式接近客户，物业人员必须注意以下几点：

第一，观察客户的表情和反应，学会察言观色；第二，提问要谨慎，切忌涉及个人隐私；第三，与客户交流时要保持适当的距离，适当的距离是 1.5 米左右，即所谓的社交距离。

（二）记住客户的姓名，尊重每一位客户

摩托罗拉公司认为，如果公司的服务人员能记住企业老顾客的姓名，并在其再次光临时能立即叫出他的名字，就可以有效地提高顾客的满意程度。

能记住客户的名字，每次一见到客户的时候就能叫出他的名字，这样客户就会觉得受到尊重。虽然这只是一个细节，却是一名出色的物业服务人员必备的职业修养。作为一名

物业服务人员，能够记住客户的名字就是对客户最起码的尊重，也是最基本的礼貌。

大多数人之所以认为名字不容易记住，是因为没有集中精力，同时没有利用正确的方法。以下几点有助于客户服务人员记住客户的名字。

1. 记忆力来源于信心

绝大多数人的记忆力基本上都是相近的，别人能做的，相信自己也能做到，不要怀疑自己，也不要一味地抱怨。当你无条件地相信自己的记忆力时，一切都会变得很容易。在与客户的交往中，不要害怕自己会忘记别人的名字，也不要害怕会叫错，只要你消除心中的犹豫和恐惧，你就能发挥应有的记忆能力。

2. 重复是记忆之母

在与客户的交往中，要留意并尽快知道客户的名字，必要时可以有礼貌地询问，随后，通过重复默念的方式加深印象，再利用各种机会，用名字来称呼客户，重复多了自然就记住了。

3. 联想加深记忆

在记忆时，还可以与你熟悉的影像或事物联想在一起，这种方法同样有助于记忆。

4. 记录巩固记忆

"好记性不如烂笔头"，加深记忆还可以通过记录来实现。

（三）让客户记住你的名字

1. 给自己取个好听且容易记住的名字

作家有笔名，演员有艺名，作为物业服务人员，也可以给自己取个好听且容易被人记住的名字，加深客户的印象。

2. 在给客户介绍自己姓名时要有个性

要让客户记住你，不管是引用诗词歌赋还是名人名言，只要能让你的名字给别人留下深刻印象就行。

3. 要多使用短消息

要养成给客户发短消息的好习惯，这样更容易让客户记住你，并留下好的印象。

4. 随时随地自报家门

不管你与客户是否熟悉，服务之前都要向业主自报家门，自报家门时要注意语气和态度。

二、与客户交谈的方法

与客户交谈是客户服务的基本形式，与客户交谈时要得体规范。

（一）正确使用称呼

在人际交往中，正确恰当地称呼对方反映着自身的教养、对对方尊敬的程度，甚至还体现着双方关系发展所达到的程度和社会风尚，因此对称呼不能随便乱用。

（1）泛尊称，如：先生、女士、夫人。

（2）泛职务，直接称其职务或在职务前冠以姓氏，如：王经理、李处长。

（3）称职称，如：张教授，李工。

（4）称职业，对医生、律师、法官及有学问的人可以用职业或学位相称。

（5）初次见面或相交不深，用"您"而不用"你"，以示谦虚与敬重。

（6）称呼老师、长辈时要用"您"而不用"你"，不可直呼其名，一般可在其姓氏后面加限制词。

（7）对新结识的人，对年长者可以称为"老师"，这种称呼在文艺界和教育界比较普遍。

（8）一般同事间，可以称呼姓氏，如："老李""小张"。

（二）热情主动，忌冷漠被动

与客户交谈中，服务人员应面带微笑，主动热情地与客户交谈。

1. 注意观察客户的肢体语言

客户服务人员应善于利用目光捕捉为客户服务的时机，当双方目光相交时，客户服务人员应主动打招呼并询问有什么需要吩咐的。

通过目光，客户服务人员在客户开口之前主动提供服务，会让客户获得心理上的满足。同时，应该面带微笑，给客户亲切的感觉。

2. 利用交谈了解客户的习惯和意愿

语言是人与人之间思想交流的重要工具，有的客户的需求显而易见，有的则不明显，客户服务人员应针对客户需求提供相应的服务，满足其需求。

3. 利用日常生活经历，积累服务内容

客户服务人员应在日常工作中，积累对城市服务、设施的地点、交通路线和应用方式的认识，以便在客户询问时能提供准确的回复。

（三）态度谦和诚恳，忌呆板生硬

多一分笑脸，少一些高傲，对待客户像对待家人一样，多承让，少争端，多一分宽容，少一些计较。客户服务人员应诚恳地解答客户的问题，对自己能解答的问题应简洁明快地予以答复，不能解决的问题忌呆板生硬、不懂装懂。

📖 案例评析

消费者往往存在一种心理，即愿意多花钱享受更好的服务，购买更好的商品。因为好的服务和商品能够为消费者提供更多的舒适和便利，使消费者内心获得极大的满足感。环境也是服务中的一个重要环节，包括大环境和小环境。大环境指的是进行交易的场所，如商场、店铺、办公室、工厂或者咖啡馆等；小环境则是服务人员与客户之间交谈商讨的氛围，如服务人员是否积极热情、言语是否得体、举止是否得当等。大部分环境是可控的，通过人为因素来主动营造更加舒适、更加和谐的环境和氛围，会对服务工作起到一定的促进作用。比如，有的餐厅把用餐的环境设计得十分幽雅舒适，播放着优美的音乐，服务生

着装统一整洁，服务态度热情，其目的就是让顾客用餐愉快，下回再来光临。因此，好的环境可以让客户有一种宾至如归的感觉，使客户感到更多的舒适和自由，使其流连忘返，产生再次光顾的欲望。

泰国东方饭店成功的秘诀，就是对客户给予高度的重视，为其提供体贴周到的服务，创造舒适的环境和氛围，从而紧紧地抓住了客户的心。物业客户服务人员也应该从这方面努力，利用环境的因素，对客户产生一些有利的影响，促使双方关系朝着积极的方向发展。

任务五　物业从业人员的能力及素质

🔁 案例导入

老师您好！我叫杨××。我平时与人交流不紧张，但是在集体场合要我讲话时会紧张，心里不自信。这对我工作影响很大，本来我准备得很充分，但是一在公众场合发言就无法正常发挥，请您告诉我应该怎样调整？

🔁 知识探究

心理素质是指在遗传基础之上，在教育与环境影响下，经过主体实践训练所形成的性格品质与心理能力的综合体现。其中的心理能力包括认知能力、心理适应能力与内在动力。心理能力对内制约着主体的心理健康状况，对外与其他素质一起共同影响主体的行为表现。

心理素质水平的高低应该从以下方面进行衡量：性格品质的优劣、认知潜能的大小、心理适应能力的强弱、内在动力的大小及指向。对内体现为心理健康状况的好坏，对外影响行为表现的优劣。

物业从业人员的能力与素质要求如下所述。

一、心理素质

（1）处变不惊的应变力。

客服人员经常会遇到突发事件，要有遇事不慌，沉着冷静的能力。

（2）挫折打击的承受能力。

客服人员在接待客户过程中，经常会有自己努力工作却收效甚微的情况，要能经受挫折打击。

（3）情绪的自我掌控及调节能力。

客服人员在遇到态度激烈的客户时，要能调节把控自己的情绪。

（4）满负荷情感付出的支持能力。

客服人员在与客户沟通过程中，要把每一位客户看作自己的第一位客户。

（5）积极进取、永不言败的良好心态。

客服人员要有坚韧不拔的意志，相信自己能够做到最好。

二、品格素质

（1）谦虚、忍耐与宽容是优秀客户服务人员的美德。

（2）不轻易承诺，要说到做到。

（3）勇于承担责任。

（4）拥有博爱之心，真诚地对待每一个人。

（5）拥有强烈的集体荣誉感。

三、技能素质

（1）良好的语言表达能力。

（2）丰富的行业知识及经验。

（3）熟练的专业技能。

（4）优雅的肢体语言。

（5）思维敏捷，具备对客户心理活动的洞察力。

（6）具备良好的人际关系沟通能力。

（7）具备专业的客户服务电话接听技巧。

（8）良好的倾听能力。

四、综合素质

客服人员要有工作的独立处理能力，复杂问题的分析能力，人际关系协调能力，还要具备"客户至上"的服务理念。

拓展资料

以下是六道心理素质单选测试题，根据括号内的分数相加，按照总分查看等级，大致了解自身心理素质和应付能力。特别说明的是，这只是一个小测试，仅供参考。

1. 你骑车闯红灯，被警察叫住。你急着要赶路，但此刻却无法脱身，这时你会____

a. 急得满头大汗，不知如何是好

b. 十分友好且平静地向警察道歉

c. 听之任之，不作出任何解释

2. 在朋友的婚礼上，在毫无准备的情况下，被邀请发言，你会____

a. 紧张得说不出话来

b. 感到很荣幸，简短地讲几句

c. 很平淡地谢绝发言

3. 你在餐馆用餐后，结账时忽然发现身上带的钱不够，此刻，你会____

a. 感到很窘迫，脸发红

b. 会感到自责，并对服务员实话实说

c. 假装找不到钱包，拖延时间

4. 你独自一人被关在出故障的电梯内出不来时，你会____

a. 脸色苍白，恐慌不安

b. 想方设法寻找出去的办法

c. 耐心地等待救援

5. 有人像老朋友一样向你打招呼，但你一点也没有印象，此时你____

a. 装作没听见一样不搭理

b. 直率地承认自己记不起来了

c. 仔细回忆，一言不发

6. 你从超市出来，发现你拿着的商品忘记付款，此时保安朝你走过来，你会____

a. 心怦怦跳，惊慌失措

b. 诚实、友好地主动向他解释

c. 迅速回超市补付款

测试题答案

选 a 得 0 分，选 b 得 5 分，选 c 得 2 分。

（1）0～14 分：你承受压力的心理素质比较差，很容易失去心理平衡，变得窘促不安，甚至惊慌失措。

（2）15 分～21 分：你的心理素质比较强，性情还算比较稳定，遇事一般不会惊慌，但有时往往容易产生消极应付的态度。

（3）22～30 分：你的心理素质很好，几乎没有令你感到尴尬的事，尽管偶尔会失去控制，但总体来说，你的应变能力很强，是一个能随时保持镇静、从容不迫的人。

📌 案例评析

紧张情绪产生的原因有以下几个：

（1）对自己要求过于严苛，希望自己能给别人留下好印象，获得认同。

（2）你是个善于自省的人，适当的自省对自己能力的提高和心态的成熟是很有帮助的，但过度的自省会变成自责，容易导致自己越来越不自信。

（3）对自己的自信不足，导致过度看重别人对自己的评价，进而影响自我认识和判断。

对缓解紧张情绪的建议：

（1）对自己不要苛求完美。越追求事事完美，就越会患得患失。

（2）做任何事情都要顺其自然，首先在对待自己的情绪上要顺其自然，这样才能张弛有度。

（3）做事情不要太在乎结果，要记住任何人都会出错，一般的失误都是可以弥补的，所以没有必要对做错的事情过分自责，只要尽力弥补就好。

训练方法：

目前比较有效的是催眠疗法结合系统脱敏法。

（1）把自己在集体场合发言的紧张分成不同等级：轻微、轻度、中等、较重、重度、极重。假设把一般谈话时的紧张等级设为轻微，把听见领导让你准备发言时的紧张等级设为轻度，将站上讲台时的紧张等级设为中等等。这个环节要按照自己的具体情况而定。

（2）根据不同等级由轻度到重度开始脱敏训练。

第一，先放松，再从最轻微恐惧级别开始进行刺激，按照上面的假设先想象一般谈话，感到紧张时，进行催眠放松，直到不再紧张为止。

第二，当你感觉不到对最轻微的刺激感到紧张时，就可以进行下一级别的刺激和训练。直至对全部级别都不再感到紧张为止。

第三，在低级别刺激训练完成后，要有几天的时间进行同样强度的刺激巩固。比如说，在轻度紧张刺激训练完成后，要在接下来的几天内每天都进行想象训练，以巩固训练成果，防止情况反复。

第四，低级别刺激没有完全适应之前，严禁进入下一级别的刺激训练。

这里建议，要寻找专业的训练机构进行上述训练。

项目小结

物业客户服务人员做好服务的前提是把握客户心理，更好地与客户沟通。与客户交谈是客户服务的重要环节，交谈本身也是一种艺术，客户服务人员应自觉训练，熟练使用社交语言，不卑不亢，自信干练，并恰当得体地运用肢体语言。本项目阐述的心理学方面的知识，有助于物业客户服务人员掌握相关技巧与能力。

实训练习

综合案例分析题

项目	与业主打交道的相关案例
工作任务	1. 受到业主怠慢误解怎么办？ 　　某天清晨，安管员小马巡查到某楼 2 单元时，忽然发现 201 室的业主由于疏忽将钥匙忘在了防盗门上，正巧楼上还有好几家在装修，很容易发生危险。想到这，小马走过去按响了 201 室的门铃。 　　轻轻按了几遍，没有动静。连续又按了几次之后，业主有些发脾气了，但还是打开了房门。小马简单说明情况后，将钥匙双手递给业主。或许业主没有消除被惊扰的不快，不冷不热地说了声"谢谢"就关上了门。 　　第二天巡楼时，小马与这位业主不期而遇。这位业主首先对之前的态度表达了歉意，又为了表示感谢而塞给小马 100 元钱。但小马把钱硬塞了回去，并告知业主：关注和保障业主的安全是他的责任。 　　2. 智解嗑瓜子难题。 　　半山豪苑椰林园 10 幢 603 室业主有个习惯：喜欢嗑瓜子，且不注意环境卫生，经常在小区里吃得满地瓜子壳，清洁起来极其麻烦。 　　怎样才能使业主接受意见并改变不良的习惯呢？直接出言劝阻将使业主下不来台，还会伤害到业主的感情，也不符合服务行业的职业道德规范，而保持沉默、任其所为，会对环境清洁工作造成影响。通过认真的思考后，大家终于想出了一个办法，当保洁员再遇到这位业主时，微笑地走到业主跟前说："您好，不好意思，由于我的工作疏忽，没有为你准备袋子装瓜子壳。"说完从袋内拿出一个小垃圾袋放在她身边的椅子上，并说："请慢用。"说完开始清理地面上刚吐的瓜子壳。 　　这种方式既保住了业主的面子，又取得了应有的效果，从那以后地面上再也没有看到瓜子壳了。
完成时间	15 分钟
任务目标	分角色扮演，找出最恰当的处理方法。
任务要求	(1) 同学分组讨论案例处理方法，按照各自的方法分角色扮演； (2) 分析哪组同学处理得比较好，为什么？
研讨内容	
研讨成果	
讨论过程	

续表

项目	与业主打交道的相关案例
自我角色	
自我评价	
小组评价	
教师评价	

项目六 物业客户服务技巧

 问题引入

有人说，为客户提供服务，做得越多，出现的问题就越多，客户就会吹毛求疵，遇到这种情况应如何处理？

项目导读

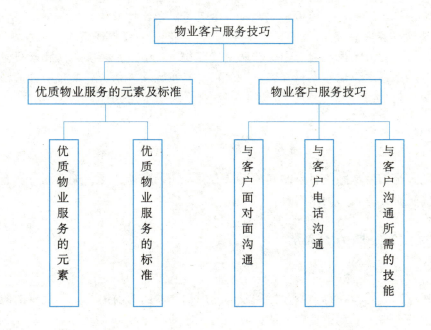

学习目标

知识目标：了解优质服务的概念，理解优质服务的构成要素。
能力目标：能够为客户提供优质服务。

任务一　优质物业服务的元素及标准

案例导入

装修队游击的"杰作"

2019年3月28日，正丰豪苑观湖居1栋403房业主从老家返回后来看新房，顺便到管理处交上个月的管理费，发现水费为400多元，顿时大发雷霆，说："我已回老家近两个月，家中没人，怎么有那么多水费？"

工作人员当即通知工程部重抄录水表，发现抄录结果没问题后，就马上与业主商量，能不能到他家里检查一下。业主答应后，由工程部负责人和一名工程技术员同去查看。从房屋表面上看，没有发现漏水的迹象，最后在卫生间靠角落处的地漏口发现有水流痕迹，于是技术员拿出螺丝刀在两块地砖中间刮缝，水流了出来，技术员当即告诉业主，暗埋的供水管可能漏水（该供水管由业主自行装修），业主马上联系装修负责人，等装修队到后，凿开该处墙壁，一股水流喷射而出，经检查是PVC给水管没粘接好或胶水质量问题，导致该给水管脱落漏水。通过查档案资料，发现该装修队没有任何资质证明和营业执照。业主最后向管理处的工作人员表达了歉意，并补交了所有费用。

知识探究

优质服务是指要从服务对象的利益诉求出发，完善服务理念、提高服务质量、规范服务操作、简化服务流程，力求实现合规、高效、人性化。

一、优质物业服务的元素

（一）优质物业服务的概念

优质物业服务是指在符合行业标准或部门规章等通例的前提下，所提供的服务能够满足服务对象的合理需求和市场期许值，并保证一定的满意度。

（二）优质物业服务的构成

1. 独立解决问题的能力

能力是完成一项目标或者任务所体现出来的素质，与人们在完成某项活动时所表现出来的能力有所不同，它是顺利完成某项活动所必需的主观条件。对于物业从业人员来说，它是指客户服务人员能够解决客户提出的合理要求，且处理结果能够令客户满意的能力。

提升能力的方法如下：

首先，要确定目标。提升能力时首先要弄清楚以下几个问题：

（1）我最突出的能力有哪些？

（2）目前工作最急需的能力是什么？

（3）对比工作急需的能力我最欠缺的是什么？

（4）我应该如何提升这些欠缺的能力？

其次，制订计划。制订行动计划时，要注意以下几点：

（1）知识结构合理、优化与提升。

（2）结合职业和工作需要去"补短板"，懂得发挥自己的长处和优势。通过学习使长处更长，优势更优。如果你眼前的工作职位确实需要这种能力，那就必须补上缺少的"短板"。

（3）从行动上约束自己。知识的掌握和积累必须转化为实践和行动，否则知识再多也只能是纸上谈兵。所以，在学习的同时，一定要注意把学到的知识、方法和工具运用到实践中去。

2. 良好的沟通协调能力

良好的沟通协调能力是做好任何工作的润滑剂。

3. 过硬的心理素质

过硬的心理素质能使你在遇到问题时处变不惊、临危不惧，这种素质会给客户带来强烈的安全感和良好的心理安慰。

4. 顾客至上的服务观念

（1）牢固树立"客户为本"的经营理念。树立"客户为本"的经营理念需要企业将客户服务提高到战略高度，即企业必须实行"顾客导向"型经营策略。

（2）培养客户忠诚的"惠顾"精神。要想维持客户的忠诚度，企业就必须传递给客户一种思想文化和价值取向的认同感、归属感、自豪感、怀旧感。将企业文化或企业产品与顾客融为一体。比如，动感地带的口号"我的地盘听我的"树立了一种氛围，将企业的目标顾客群与企业的产品相联系。

（3）建立客户组织。建立客户组织可以维系客户关系，减少客户流失，降低营销成本。目前，比较成熟的客户组织是汽车俱乐部，几乎每个品牌都有自己的汽车俱乐部，并有较稳定的参与者。俱乐部定期举行活动，不仅可以为消费者提供交流和沟通的平台，也在潜移默化中提高了客户的忠诚度。

（4）建立客户投诉制度。要想真正维护客户关系，认真对待每一位客户的投诉是很关键的。调查证明，因对企业或产品不满意而进行投诉的顾客，比不满意而没有投诉的顾客再次购买的比例要高得多。

二、优质物业服务的标准

优质物业服务可以根据服务体验与要求的差别，由低到高进一步细分为满意度服务、舒适度服务、惬意度服务。不同层级的服务，对服务的要求有所不同。

（一）满意度服务

1. 客户满意度

客户满意度也称客户满意指数，是对服务性行业的顾客满意度调查系统的简称，是个相对概念，是客户期望值与客户体验的匹配程度。换言之，就是客户通过对一种产品可感知的效果与其期望值相比较后得出的指数。

客户满意度一般要求能够满足服务对象提出的合理需求，并不产生或增加新的负面情绪。

2. 客户满意度特征

（1）主观性。客户满意是建立在其对产品或服务的体验上的，感受对象是客观的，结论是主观的。它既与自身条件如知识和经验、收入、生活习惯和价值观念等因素有关，还与传媒新闻和市场中假冒伪劣产品的干扰等因素有关。

（2）层次性。著名心理学家马斯洛指出人的需要有五个层次，处于不同层次的人对产品或服务的评价标准不一样，这可以解释为处于不同地区、不同阶层的人或同一个人在不同的条件下对某个产品的评价可能不尽相同。

3. 影响因素

客户满意是一个人通过对一个产品的可感知的效果（或结果）与他的期望值相比较后，所形成的愉悦或失望的感觉状态。客户是否满意的感觉及其程度受到以下几个方面因素的影响：

（1）产品和服务让渡价值的高低。如果客户得到的让渡价值高于他的期望值，他就倾向于满意，差额越大越满意；反之，如果客户得到的让渡价值低于他的期望值，他就倾向于不满意，差额越大就越不满意。

（2）客户的情感。客户的情感同样可以影响其对产品和服务的满意感知。这些情感可能是稳定的，事先存在的，比如情绪状态和对生活的态度等。非常愉快的时刻、健康的身心和积极的思考方式，都会对所体验服务的感觉产生正面影响。反之，当客户正处在一种恶劣的情绪当中时，消沉的情感会导致他对所体验的服务过程产生失望或消极的感觉。

（3）对服务成功或失败的归因。归因是指一个事件原因的推论过程。当客户被一种结果产生的落差所震惊时，他们总是试图寻找原因，而他们对原因的推论能够影响其满意度。

（4）对平等或公正的感知。客户是否满意还会受到对平等或公正的感知的影响，比如客户在意自己与其他客户是否享受了同等服务等。对平等或公正的感知是客户对服务满意感知的中心。

（二）舒适度服务

舒适度服务是在满足服务对象要求的基础上，从多方面使服务更加完善，以最大程度消除服务对象的负面情绪，并以获得服务对象一定的好评为基本要求。

（三）惬意度服务

惬意度服务是从服务对象的角度和利益出发，既满足客户的服务需求，也能够周到细致地考虑到客户所没考虑的当下需求和未来需求，并预见性地提供相应的服务，以赢得服务对象的信赖、忠诚度和高度评价为要求。

📑 案例评析

以事实说话，让业主心悦诚服。

任务二　物业客户服务技巧

📑 案例导入

十月的某个夜晚，某小区地下车库值班员向物业公司办公室值班人员报告，一位业主只购买了一个车位，却在车库停了两辆车。值班员劝其将未购车位的车开走，但业主不予理睬，扬长而去。无奈，值班员只好求助楼间值班员使用对讲电话与其联系，要求业主将车开出车库。业主先是拒绝沟通，后来又对楼间值班员进行谩骂，甚至威胁。

了解到情况后，物业公司办公室值班人员当即同业主联系，得到他的同意后，登门拜访。首先值班人员对反复拨打对讲电话的不当行为表示道歉，然后向他说明车库内的大多数车位已售出，一个车位只允许停放一辆车，如果占用别人车位，别的业主就会有意见。接着又特别指出，这样的事情多了，大家相互效仿，总有一天他自己的车位也会被别人占用。看到业主表示赞同后，值班人员趁热打铁，建议他再租个车位从根本上解决泊车问题。他听了这番话，觉得有道理，便提出要求，让值班人员替他找一个空位租下来。

第二天一早，值班人员就帮助业主找到了合适的车位，并引导业主顺利地办理了租位手续。

📑 知识探究

一、与客户面对面沟通

（一）沟通的概念

1. 人际沟通的特点

沟通是为达到一定目的，将信息、思想和情感在个人或群体间进行传递与交流的过程，也指可理解的信息或思想在两个或两个以上人群中的传递或交换的过程。人际沟通就是人们运用语言符号系统或非语言系统传递社会信息、交流情感的行为和过程。人际沟通是一种特殊的信息沟通，它有以下几个特点：

(1) 沟通双方要有共同的沟通动机。

(2) 沟通双方都是积极的参与者。

(3) 沟通过程会对沟通双方产生相互影响。

(4) 沟通双方都要有沟通能力。

2. 沟通在管理中的重要意义

与客户的沟通要双向有效。通过沟通，可以及时了解客户遇到的问题，从而迅速与客户协调解决，还可以及时了解客户需求，调整服务内容，提高服务质量，在工作中减少阻力和不必要的麻烦。

(1) 沟通是协调个体并且使企业成为一个整体的凝聚剂。

(2) 沟通是领导者激励下属、实现领导职能的基本途径。

(3) 沟通是企业与外部环境之间建立联系的桥梁。

(二) 沟通前的准备工作

1. 理解个体差异对沟通的影响

不同的个体具有不同的人格。人格是研究个体心理差异的学科。研究者们提供了很多描述人格的不同理论观点，其中最有代表性的是特质说和类型说。

卡特尔的人格特质理论的主要贡献在于提出了根源特质。1949 年卡特尔用因素分析法总结出 16 种相互独立的人格特质，并提出了"卡特尔 16 种人格因素测验"（简称 16PF）。这 16 种人格特质是：乐群性、聪慧性、情绪稳定性、恃强性、兴奋性、有恒性、敢为性、敏感性、怀疑性、幻想性、世故性、忧虑性、激进性、独立性、自律性、紧张性。

卡特尔认为在每个人身上都具备这 16 种特质，只是不同的人的表现程度有所差异而已，人格差异主要表现在量的差异上，可以对人格进行量化分析。

20 世纪 80 年代末以来，人格研究者在人格描述模式上达成了一定的共识，提出了人格五因素模式：

(1) 情绪稳定性：敌对、压抑、自我意识、冲动、脆弱。

(2) 外向性：热情、社交、果断、活跃、冒险、乐观。

(3) 开放性：想象、审美、情感丰富、求异、智能。

(4) 随和性：信任、直率、利他、依从、谦虚、移情。

(5) 谨慎性：胜任、条理、尽职、成就、自律、谨慎。

这五种因素可以通过 NEO-R 人格调查表来测定。

2. 呼应与调整——如何与不同人格特质倾向的人相处和沟通

(1) 价值和文化包容：不同成长环境和文化背景的产物。

(2) 位置差异：位置和利益导致人际沟通中的立场不同。

(3) 人际沟通的计划和准备：目标和主题策划、沟通对象分析、环境选择、沟通方式设计、沟通场景预设和推演。

（4）沟通心态。有些心态不利于沟通，如居高临下、心怀偏见、以自我为中心等。在人际交往中，人们应采取平等、尊重、换位思考等沟通态度。

（三）面对面沟通的原则

物业服务人员与客户互动的主要方式是面对面交流。面对面的口头沟通的优点是亲切而有弹性，有利于双向沟通，增进双方的情感，所以最有成效。

面对面沟通的原则是：用心听取对方所说的每一句话，不要过于计较对方说话时的态度。很多人在与人沟通时过于斤斤计较对方的态度和语气，而不是去听对方所讲的道理，这在一定程度上影响了沟通的效果。此外，当与客户面对面沟通时，要使对方感受到认真、诚恳的态度和自信。无论传递的信息多么重要，如果接收者觉得沟通者不可靠，也就不会相信对方传递的信息。

（四）面对面沟通的口头语言

与客户面对面沟通时，在口头语言方面要做到以下几点：
（1）保持礼貌，文明用语。
（2）态度积极，谦虚用语。
（3）保持耐心，温和用语。
（4）保持冷静，简洁用语。

（五）面对面沟通中恰当使用合适的身体语言

非语言沟通是指通过身体动作、体态、语气语调等交流信息、进行沟通的过程。对于物业工作人员来说，能够掌握非语言沟通是一项非常有用的技能。同时工作人员本身的身体语言也会传递给对方。所以，要认识到身体语言与语言沟通同样重要，理解这一点可以更加有效地把信息传递给对方。

有人认为，人与人之间的沟通，文字只占了7％的影响力，语气和语调占了38％，而身体语言占了55％左右，如眼神、微笑、皱眉、举止等都可以传递信息。说话者的语气、声调、面部表情，甚至两者之间的自然距离都会影响沟通效果。与客户沟通时，应保持适当的距离。距离过近，会使人心里产生压迫感，不礼貌；距离太远，会使人感觉不舒服、不方便。因此，与客户沟通时的自然距离可根据沟通时的环境、对方的身份、年龄、性别、性格、话题而定，以沟通时对方心里感到舒适为宜。

（六）面对面沟通需要注意的事项

（1）语言简洁，表达清楚。
（2）时间合理，地点恰当，环境舒适。
（3）仔细观察，注意倾听，充分了解。
（4）态度友善、积极，理解对方感受。

（七）面对面沟通时容易出现的问题

（1）过于相信自己听到的而不去思考语言本身是否存在问题，容易误解对方的真实意图，因此必须结合对方的身体语言，获取正确信息。

（2）对于自己未听清楚的地方，不好意思询问对方，以致以讹传讹，错误百出。

（3）将自己的意见强加在对方的身上，使当事人感到不愉快，增加了沟通的困难，影响了沟通的效果。

（4）自己夸夸其谈，未能积极引导他人参与谈话，忽略了沉默的人和其他在场的人。

（5）以不相干的问题打断他人的谈话，或频频补充或纠正他人。

（6）陷入毫无意义的争论，而非讨论一个有建设性的议题。

二、与客户电话沟通

（一）电话沟通的特点和原则

1. 电话沟通的特点

现在，即使有了电子邮件和互联网，电话仍然是商务交流中常用的工具。电话使用率高，是因为它有以下优势：

（1）沟通速度快。即使人们不能相见，也可相互交谈。

（2）平等。沟通双方打电话时彼此看不到对方，因而受地位、外表和环境的影响小。

（3）受环境影响小。使用电话与客户沟通可以随时随地进行，受环境影响较小。

2. 电话沟通的原则

（1）简洁明了。

电话沟通首先要让别人清楚地了解沟通目的，语言要简洁明了，忌词不达意、含混不清。

（2）礼貌热情。

打电话时避免让对方对自己产生不好的第一印象。说话的语调同使用的词汇一样，在向对方表示礼貌和愉快时十分关键。面部表情影响着人们讲话的语调。微笑时的语调听起来是愉悦和令人感兴趣的。如果绷着脸或皱着眉，仅从声音上听起来，也会让人觉得缺乏热情和难以吸引人。

（3）诚恳机智。

物业客服人员在接听电话的过程中，要态度诚恳，并能根据电话内容随机应变。

（4）声音清楚。

声音清楚对接电话的物业工作人员来讲至关重要。由于声音在传导过程中的失真和没有面对面沟通时的口形帮助，容易造成听不清的情况，因此特别清楚地发音吐字就显得尤为重要。说姓名和数字时，如果有读音模棱两可的字词，应当再重复一遍，尽量使传达的内容清楚明了。

（5）语速减缓。

使用电话沟通时，放慢语速更利于沟通。这也是电视播音员经常比日常讲话要慢的原因。特别是说电话号码时更要放慢速度，以便电话另一端的人能把它记录来。

（二）拨打电话的技巧

1. 打电话前的准备

（1）选一个打电话最合适的时间，通常要避免吃饭前或下班前打电话。如果打国际长途电话，还要考虑时差问题。

（2）组织好语言，可以写下关键词，尽量只说一件重要的事。

（3）在电话旁放上纸、笔以便记录，放好需要随时查阅的文件、数据、以前的函电，以及其他相关的材料。

2. 打电话的基本要求

（1）拨号待对方应答后，要介绍自己。

（2）接通电话后，要保持微笑。尽管对方看不到，但微笑时，声音听起来会令人愉悦。

（3）表明目的，用清楚简洁的语言说明有什么事或要找谁。如果是传达坏消息，要有策略地先说一些好消息，把坏消息放在最后。

（4）要注意对方的语气，如果对方因沟通的内容产生了烦恼或生气的情绪，应试着帮助缓解，而不要马上与其争辩。

（5）偶尔要停顿一下，以得到对方已理解的反馈。

（6）姓名和地址要拼读，数字要重复一遍。

（7）在长时间交谈结束之前要总结一下主要观点，在结束时要确认一下要做的事或约见的日期，并确认对方已理解或同意。

（8）通常由打电话的人决定何时结束通话。

3. 通话结束后的注意事项

通话结束后，应该立刻做以下工作：

（1）在记事本上填写有关内容，做好记录。

（2）在日志中记下后续活动或继续联系的日期。

（3）向与此事有关的人员通报打电话的结果。

（三）接电话的技巧

（1）做好日常准备，在电话附近备有铅笔、笔记本、通信录、约见客人的日志等。

（2）在接电话之前，要停止与他人谈话并减少其他噪声。

（3）不要让电话铃声响太久，一般不要超过三声。

（4）语气要友好、愉快。

（5）做好记录，重要的信息要重复一遍，以核对是否有误。

三、与客户沟通所需的技能

在与客户沟通的过程中，参与者既是信息传递者，也是信息接收者，所以双方都要满足另一方的需要并能主动去倾听。所有的沟通都应该有计划，有明确目的。沟通是双方思想、感情、态度的交流。在这个过程中，独到的见解、友好的态度和相互理解的心态都会起到重要的作用。具体而言，在与客户沟通时要注意以下几点：

（1）营造舒适的气氛。开始交谈时先致以友好的问候，然后开始沟通，注意要准备好足够的资料以便查阅。

（2）准备好要提出的主要问题，事先记下要点以免遗忘，同时预测一些客户可能会提问的问题。

（3）把握好谈话中的关键时刻，这些节点可能是结束、同意或妥协等关键信号发出的关键时刻。

（4）以一种体谅和感激的态度结束沟通，不要结束得太突然。

在与客户沟通时，不仅要做好相关细节工作，同时也要掌握一定的技能，如倾听、有效表达等。

（一）倾听

1. 倾听的含义

倾听是有效沟通的重要组成部分，是在接纳的基础上，积极地、认真地、集中精力地听，并适度参与互动，有助于沟通双方顺畅交流，并在认识上达成一致。

2. 倾听的作用

（1）倾听是建立良好咨询关系的基本要求。

（2）倾听可以表达对诉说者的尊重。

（3）倾听能营造出比较宽松和自由的氛围。

（4）倾听具有助人的效果。

3. 倾听的方法

（1）要认真、设身处地地听。

（2）适当地表示理解。

（3）不带偏见和条框约束，不做价值评判。对诉说者所讲的内容不要随意表现出自己的情绪，而是应予以尊重和接纳。

（4）倾听不仅要用耳，更要用心。不但要听懂诉说者通过言语、表情、动作所表达出来的内容，还要听出诉说者在交谈中隐含的内容，甚至是诉说者自己都没有意识到的内容。

（5）善于倾听，不仅在于听，还要有参与，并作出适当的反应。反应既可以是言语性的，也可以是非言语性的。

4. 倾听的要点

（1）克服自我中心。不要总是谈论自己或只注重自己的感受。

（2）克服自以为是。不要总想占主导地位。

（3）尊重对方。不要打断对话，要让对方把话说完。

（4）不要激动。不要匆忙下结论，不要急于评价对方的观点，不要急切地表达自己的建议，不要因为与对方不同的见解而产生激烈的争执。要仔细地倾听对方，不要把精力放在如何反驳对方的观点上。

（5）尽量不要边听边琢磨他接下来将会说什么。

（6）不要带有偏见或成见，这会影响你的判断。

（7）避免思维跳跃，不要试图理解对方没有说出来的意思。

（8）注重细节。尊重他人隐私，不要做小动作，不要走神，不要过分介意别人讲话的态度和方式。

5. 倾听的注意事项

（1）身体前倾，表示对谈话感兴趣。

（2）要"所答即所问"。

（3）在倾听的过程中，适时反馈自己的见解，以使给予和吸收两个方面相平衡。

（4）以头部动作和丰富的面部表情回应诉说者。

（二）有效表达

1. 有效表达的特点

（1）让人愿意听。

（2）让人乐意听。

（3）让人听得满意。

（4）要说得清楚。

（5）要说得简洁。

（6）表述不生歧义。

2. 有效表达的语言

（1）用委婉的语言。

人们在交往过程中，用委婉的语言即一种代替直来直去的语言，就能起到比较好的沟通效果。例如，在公共场所常常有"禁止吸烟"的警示语，但在办公室里则可采用"请您协助保持一个无烟环境"，虽然意思相同，但在他人看起来会比较舒服。

在沟通中，我们可以适当选择适合语言环境的语言，因为在一种环境下使用的语言，放在另一种语言环境下就可能难以发挥出应有的作用。

（2）要形成自己的语言风格。

研究表明，男人和女人在语言风格上是不同的，女人在交谈时使用的是联系式交谈，用这种语言来促进与别人的关系、交流经验并建立相互关系。男人使用的是报告式交谈，其说话的目的是维护身份、显示知识与技能和建立自己在他人心中的地位。

方言是一个地区全体成员的习惯性语言，它是通过独特的语法结构、词语和说话风格来区分的。语言学家把方言称为"非标准语言"。由于方言的使用范围过窄，所以要学习普通话，才能与大多数人进行沟通。但是学习普通话并不是要求所有人都用同样的风格沟通。在与人沟通中，形成自己特有的语言风格，更能给人留下深刻的印象。

（3）话要说得清楚。

在沟通时，要想好自己要表达的问题，并清楚地传递自己的意思。如果说话模棱两可，就会造成双方的误解，从而影响沟通，特别是在一些正式场合，必须要清楚表达自

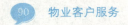

己的诉求。

（4）话要说得有力。

有力的说话方式可以直接表明观点。说话有力能使沟通更有吸引力和说服力，更容易感染他人。要使用有力的说话方式，应该避免一些特定的沟通行为，如避免讲模棱两可的话和用比较含糊的修饰词语；主动语态比被动语态表达的意见更为鲜明。

（5）话要说得生动。

说话时用第一人称来叙述会显得特别生动，通常能使听者感同身受。

（6）话要说得礼貌。

在交谈中要避免使用侮辱性词语和不尊重他人的语言。

3. 有效的提问技能

（1）封闭型提问。

封闭型提问是指在特定区域内得出特定答案的提问。如：

"您是否认为上门服务没有可能？"

"我们能否得到最优惠的价格？"

通常答案是"是"或"否"。

（2）开放型提问。

开放型提问能让对方充分表达自己的观点和看法，可以使发问者得到更多的有效信息。

"请你谈谈对这件事的看法。"

"您为什么会这样认为呢？"

（3）诱导型提问。

诱导型提问对答案有明显指向性。如：

"讲究职业道德的人是不会做出这种不负责任的承诺的，您说是不是？"

（4）假设型提问

假设型提问是指为对方假设某种情境并提出问题，让对方自由发挥。如：

"假如我们俩一起处理这位客户的投诉，你认为我可以做哪些事情呢？"

4. 有效表达的注意事项

（1）沟通中忌指责多、肯定少。

（2）发现可以肯定或赞美的地方及时给予恰当赞美。

（3）赞美要真诚，具体明确。

（4）培养自己欣赏、鼓励他人的习惯。

🔁 案例评析

物业项目的管理与服务的确是一件想起来容易、做起来难的事情，只有沟通顺畅了，才会赢得更高的客户满意度。

项目小结

学会与业主沟通的方法及技巧，理解优质服务的内涵，有助于为客户提供优质服务。本项目阐释了物业客户服务涉及的相关技巧，介绍了优质物业服务的元素和服务标准。

实训练习

综合案例分析题

案例名称	物业管理中对装修队的管理
工作任务	9月25日17：00左右，半山豪苑管理处椰林园8幢301户业主因装修运来了不少材料，并请来装修工进行搬运。等业主一走，装修工头就和保洁员说，想等第二天再搬。由于装修材料不允许堆放在1楼楼梯间旁，保洁员拒绝了他们。装修工人只好搬运走，材料运完之后，他们没有清扫垃圾就要离开。 保洁员立即通知当值保安员检查他们的装修出入证，等检查了装修出入证后，保安员提出先把垃圾打扫干净，才能把证件还给他们。装修工头恼羞成怒，抓住保安员的衣服就要动手打人。保安员冷静地对他们说："你们要动手，想到后果了吗？我看你们还是先给业主打个电话，问他我这样处理对不对。"装修工头想了想，觉得有道理，就松开手，走到一旁打电话给业主。 可能是受到了业主的批评，装修工头语气和缓了许多，不仅同意打扫地面，还向保安员道歉。保安员随后也将出入证还给了他们，并主动承担了剩余的清理工作。
完成时间	15分钟
任务目标	分角色扮演，找出处理问题最恰当的方法。
任务要求	（1）同学们分组讨论上述案例应该采用何种方法处理，并按照各自的方法分角色进行扮演； （2）分析哪组同学处理得比较好，为什么？
研讨内容	
研讨成果	
讨论过程	
自我角色	

续表

案例名称	物业管理中对装修队的管理
自我评价	
小组评价	
教师评价	

项目七 物业客户投诉及处理

✉ 问题引入

作为物业管理人员，我们应该深入思考：客户为什么不满意我们的服务？客户到底需要什么样的服务？怎样才能提供令客户满意的服务？

💬 项目导读

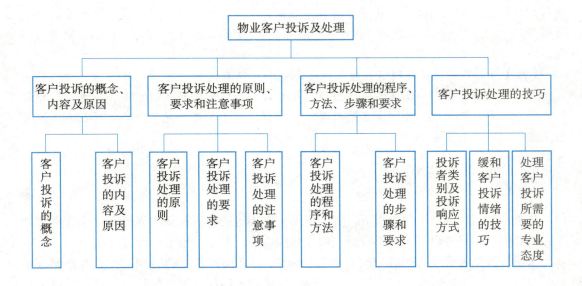

⊚ 学习目标

知识目标： 客户投诉的概念，客户投诉的主要内容，了解客户投诉处理的原则、要求、注意事项。

能力目标： 掌握客户投诉处理的程序和方法，能够有效处理客户投诉。

任务一　客户投诉的概念、内容及原因

案例导入

工程人员敷衍了事，引起业主投诉

2019年1月2日，正丰豪苑丰乐居18幢三、四楼业主向管理处反映家中有线电视无信号，管理处接到业主反映后，向业主作出解释（有线广播电视站前两天才将信号送到该幢楼房，还在调试阶段），并立即向工程部派发"内部工作联系单"，要求工程部尽快开通有线电视信号。

工程部接到任务后，马上安排工程技术人员对该幢楼房的有线电视总接线盒进行检修，对松动线头进行紧固。随后，工程技术人员对三楼业主家的有线电视信号进行了检查确认，到四楼业主家检查时，因业主不在家就离开了（有线电视接线分盒在业主家，未进行检查），然后向服务中心返回"内部工作联系单"。管理处服务中心对三楼业主进行报修电话回访确认，但因四楼业主不在家而未得到证实。

1月4日，四楼业主发现有线电视依旧无信号，便直接投诉至管理处经理。管理处经理接到业主投诉，立即安排工程技术员进行检查，对户内松动线头进行紧固，并确认电视已有信号。事后该业主向小区业主委员会反映此事，业主委员会对管理处处理此事的态度极不满意，并提出了批评。

知识探究

对企业而言，客户上门来投诉，实际上是一次难得的纠正自身失误的机会。许多客户因为怕麻烦或不好意思而选择不投诉，但在他们心中，企业的形象已大打折扣。

深圳万科物业管理公司客户服务中心经理说："在面对业主的时候，我们客户服务中心的工作人员曾多次听到'因为你是万科，所以就要投诉你'这样的话，这其实就是客户对我们的信任，是关心万科及对万科客户服务中心纠错的能力抱有希望和信心。"

一、客户投诉的概念

客户投诉是指客户由于对物业管理公司所提供的服务或产品不满意而提出的要求和希望改进的意见。通过对客户投诉问题的处理，物业管理公司和客户之间建立了一个直接沟通的平台：

（1）物业管理公司可以改进产品或改善服务，以提高物业管理公司的服务水准。

（2）纠正失误，消除误解；发掘客户的潜在需要，赢得客户更深层次的信任，加强与客户的沟通协调。

（3）物业管理公司在以后的工作中也可能少犯类似的错误，有利于维护和提高物业管理公司的信誉，树立良好形象。

如果对待客户的各类投诉置之不理或敷衍了事，非但不能解决问题、消除影响，而且还有可能将问题扩大化，既影响物业管理公司的正常工作，又影响公司的品牌声誉。

二、客户投诉的内容及原因

要处理好客户投诉，必须首先了解客户投诉的原因，结合实际情况和相关管理规定进行处理。

（一）硬件设备、设施方面问题引发的投诉

如电梯、中央空调等设备设施损坏，装修的粉尘、气味；消防栓没有水，导致业主家火灾受损要物业管理处赔偿；楼梯护栏空隙大，小孩跌下摔成重伤等。

（二）管理服务方面的投诉

如客户服务人员服务态度差，服务意识不强，行为违规或违法；保安私自进未入住民宅食宿等。

（三）开发商房屋质量差

开发商偷工减料，导致房屋质量差、材料档次低，不能按时交付等；利用减免管理费等手段欺骗客户，因而很多客户收楼后，将本属于开发商的问题归咎于物业管理公司。

（四）装修管理引发的投诉

装修管理投诉的问题主要是收费、装修噪声扰民、私搭乱建改变房屋主体结构等方面。其中装修收费问题是最容易产生纠纷的。物业管理企业一定要坚持按收费标准合理收费、严加管理的原则，同时开发商也应该承担必要的责任。

（五）客户对物业管理的认识不足引发的投诉

物业管理是有偿服务行业，有的客户不了解物业管理，存在对收取服务费用持质疑态度，想少交或不交管理费而享受高质量的服务等现象。

（六）关于车辆管理的投诉

如由于物业管理不严格，导致业主车位被占，或小区内车辆随意进出和随意停放等。

（七）其他方面的投诉

如物业管理法规不健全，物业企业和业主对物业法律法规的理解和执行有偏差等。

案例评析

　　该案例涉及的常规报修事件，因管理处工程技术员工作责任心不强，敷衍了事，同时因管理处服务中心对业主报修未全面进行跟踪回访而引起。管理处各分部之间在日常工作中要主动相互沟通，多联系，互相提醒，只有这样才能更好地服务于业主，提高公司的总体管理水平和服务水平，减少投诉。

任务二　客户投诉处理的原则、要求和注意事项

案例导入

小区内有人饲养动物扰民怎么办

　　一天上午，海伦堡某小区5栋某室业主气冲冲地来到客户服务中心投诉：该单元楼上有人养鸡，每天天没亮就打鸣，他有老年冠心病，严重影响了他的正常休息，要求客户服务中心马上出面处理。

　　接到业主的投诉后，客户服务中心首先给予了安抚，并承诺立即调查和解决。经调查发现，6楼确实有位业主家养了一只大公鸡。原来该业主新婚，养鸡并不是通常意义的家庭喂养，而是其家乡有新婚期养鸡报喜的风俗，并且要喂养一个月。服务中心员工以小区内养鸡不卫生，违反了《业主公约》，且公鸡打鸣影响了其他业主的休息，尤其是老年人心脏有问题，更需要宁静的睡眠环境等理由，推心置腹地与该业主进行了沟通，反复强调了建立良好邻里关系的重要性。由于客户服务中心员工动之以情，晓之以理，最后该业主承诺尽快将大公鸡送走。

　　客户服务中心又向投诉的业主反馈了事情解决的最终结果，主动对未能及时发现和制止业主养鸡而造成他休息不好一事承担了责任并道歉，并对提出的意见表示感谢，希望他能一如既往地支持客户服务中心的工作，关心小区的环境维护与建设。投诉的业主对客户服务中心的工作效率和态度非常满意，一再表示会继续理解和支持客户服务中心的工作。

知识探究

　　要成功地处理客户投诉，首先要找到最合适的方式与客户进行交流。很多客户服务人员都会有这样的感受，客户在投诉时会表现出情绪激动、愤怒，甚至辱骂。作为物业客户服务人员应明白，这实际上是业主的一种发泄，把自己的怨气、不满发泄出来，业主忧郁或不快的心情便得到了释放和缓解，从而维持了心理平衡。此时，客户最希望得到的是同

情、尊重和重视，因此客户服务人员应对其表示理解，并采取相应的措施。

一、客户投诉处理的原则

（一）快速反应

客户投诉具有偶发性。客户服务中心工作人员应在辨别投诉的有效性后迅速作出反应，避免因处理不当影响公司的形象，损坏公司的名誉。有效投诉应按照投诉处理体系处理，对无效投诉则应果断拒绝。

（二）换位思考

在接受客户投诉的过程中，必须以维护公司利益为准则，以尊重、理解客户为前提，学会换位思考，用积极认真的态度冷静地对待客户投诉。

（三）依据法律

在接受客户投诉的过程中，一定要对投诉的有效性进行甄别。在接受客户投诉时，在照顾好他们的情绪后，必须依据国家的有关法律法规和《物业管理服务合同》，对投诉的有效性及责任进行辨别与区分。

（四）及时总结

客户投诉处理结束后，事后的跟踪及对投诉案例的分析、总结及反思，能使物业管理公司的工作不断完善，服务不断提升。

二、客户投诉处理的要求

为了推进物业管理服务工作，客户服务人员在日常管理工作中，对于客户投诉，除了要严格遵守服务规范外，还要做到以下几点：

（1）要做到"谁受理、谁跟进、谁回复"。

（2）尽快处理，暂时无法解决的，除了必须向客户说明外，还要另约时间处理，及时跟进。

（3）接受和处理客户投诉时要做详细记录，并及时总结经验。

（4）接受与处理客户的投诉，要尽可能满足客户的合理要求。

三、客户投诉处理的注意事项

（一）客户电话投诉接待注意事项

（1）接听电话时，要发音标准、音调适中。

（2）投诉人说话含混不清时，应注意倾听，保持耐心，问清问题。不随意打断投诉人的话，以免影响投诉人的情绪。详细记录投诉，尽量做到不让投诉人重述。

（3）投诉人情绪激动时，客户服务人员应保持冷静和镇定。首先对对方表示理解，并对给他造成的不快表示道歉，了解情况后，适当向对方澄清一些事实。

（4）如投诉人需要帮助，应立即作出反应。

（5）客户投诉完毕后，必须对来电者表示感谢，并等其先挂电话后才能轻放电话。

（二）客户当面投诉接待注意事项

（1）接待客户当面投诉时，态度应友好、诚恳。

（2）仔细倾听客户诉说，不带任何评价。

（3）保持眼睛与客户对视，表明自己在倾听对方的讲话，以示尊重。

（4）试着从客户的角度出发，对客户的不快表示歉意和同情。

（5）遇到客户情绪激动指责时，不要着急为自己辩解，也不要寻找借口开脱或把责任推到别人身上，更不要一味承认错误。

（6）为掌握最准确的事实，可用委婉的方式向客户提问，给客户进一步解释的机会。

（7）客户投诉完以后，应向客户表示谢意。

（8）处理投诉必须及时迅速，在短时间内给客户满意的结果和答复。

（9）如因客观原因无法及时解决有关问题，应与客户联络，告知原委及预计完成的时间，以取得客户的谅解。

（10）投诉处理完毕应尽快上门或致电客户，询问客户对处理结果是否满意。

（三）客户投诉处理回访要求

（1）可采用表格记录、电话询问、互联网等方式，定期或不定期地对投诉问题处理结果进行回访。

（2）落实回访责任人。

（3）上门回访必须有客户签字。

（4）对回访中发现的新问题、意见和建议等，要及时处理，不能当即解释或暂时无法作出明确答复的，应告知回复时间，做到件件有着落，事事有回音。

（5）对多次提出投诉的客户或引发投诉的事件，应引起重视，并上报负责人。

🔁 案例评析

有投诉是很正常的事情，但如何解决投诉，却涉及物业管理公司的服务态度和服务技巧。对于投诉，物业管理公司一般应注意以下方面：

（1）不能回避责任。

（2）要对投诉者给予精神上的安慰。

（3）要马上付诸行动，不要搪塞拖拉。

（4）要解决实际问题，不要简单粗暴地强行制止。

（5）要及时反馈结果。

（6）要追踪客户对处理结果的态度，不能不了了之。

任务三 客户投诉处理的程序、方法、步骤和要求

案例导入

开业典礼影响办公环境怎么办

某家很有商业声望的制药公司进驻某高档写字楼办公，为了加强对外宣传，该公司计划择吉日在大厦举行规模盛大的开业典礼，届时，公司董事长及有关方面的领导将应邀参加。筹办开业典礼的策划部门负责人准备举办一场舞狮表演，还准备放一些气球。业主已经同意，但大厦管理处考虑到舞狮表演锣鼓喧天，势必影响大厦的办公环境，未予批准。策划部门负责人非常生气，声称开业典礼议程已确定下来，再改影响不好，再说业主已经同意，管理处凭什么不批准。为此，策划部门负责人向管理处正式去函投诉。

知识探究

一、客户投诉处理的程序和方法

（一）客户投诉登记

不论哪种投诉方式，接待人员都应该利用《客户投诉登记表》详细记录客户投诉的内容，如客户投诉的日期、时间、物业编号、联系电话、投诉代码、投诉内容、投诉人、接待人员、记录人员等。

（二）客户投诉处理接待

首先，安抚客户的情绪，用积极的态度给予客户亲切感，详细了解投诉情况并作记录。其次，判断客户投诉是否成立，了解客户投诉的内容后，要判断客户投诉的理由是否充分、投诉的要求是否合理。如果投诉不成立，可以用委婉的方式答复客户，取得客户的谅解，消除误会。如果投诉成立，就要对投诉内容进行分类：凡是能马上解释和处理的，首位服务人员要当场解释和处理；不能马上解释和处理的，要根据客户投诉的内容，确定投诉处理的部门，开出《客户投诉处理单》，将投诉客户领至相关部门交由专门的投诉受理人员处理。

（三）投诉处理情况跟踪

（1）首位服务人员要跟踪、了解处理情况。

（2）投诉处理情况跟踪一般采用电话或上门回访等方式进行。

（四）投诉处理情况登记

（1）及时登记投诉处理情况。

（2）整理、存档已处理的投诉资料。

（五）客户投诉统计分析

（1）对投诉内容进行分类。

（2）整理客户投诉单。

（3）每季度比较、分析、归纳、总结现阶段物业服务中存在的问题并汇报给上级主管。

（4）对投诉处理过程进行总结和评价，吸取经验教训，提出改善对策，不断完善企业经营管理和业务运作流程，提高客户服务质量和水平，降低投诉率。

二、客户投诉处理的步骤和要求

客户投诉处理的步骤和要求如表7－1所示。

表7－1　　　　　　　　　　　　　客户投诉处理的步骤和要求

步骤	具体要求
倾听投诉内容。	（1）点头、眼神接触、不要皱眉； （2）微笑的表情（要适可而止）。
确认投诉内容（表示你在专心聆听及了解情况）。	直接用封闭的方式发问。
表示同情及尊重（让客户感觉你与他站在同一立场），对发生的事表示歉意（不要把责任推到别人身上）。	（1）语调温和； （2）配合客户的视线； （3）注意礼貌用语； （4）保持适当的肢体语言； （5）保持微笑及眼神接触。
告诉客户你将会采取什么行动去解决问题。	（1）用表示行动的字眼； （2）语句直接、简短、清楚； （3）用肯定的语气； （4）保持适当的肢体语言； （5）保持微笑及眼神接触。
跟进事情及回复客户，询问客户是否有其他需要，要对客户意见表达谢意。	（1）要有准备； （2）语句简单、直接； （3）用感激的语气结束对话。

案例评析

大厦管理处不予批准的决定是正确的，因为该公司的做法势必会给其他客户带来严重影响。但是物业管理部门的工作方法值得商榷。物业管理部门应早期介入入驻公司的一些活动，并提出建议，防患于未然。

任务四　客户投诉处理的技巧

案例导入

小节不细

某业主投诉，前天刮大风时，他的衣物被吹到二楼露台，当时求助当值保安，保安称找不到梯子，等清洁工打扫时，再将衣物归还业主。但今天业主查看时，发现衣物已经没有了，就询问保安。保安说，衣服已经被清洁工扔掉了，业主十分不满，强烈要求物业给个说法，并要求赔偿。

知识探究

处理客户投诉要讲究方式方法，针对不同类型的客户，采用不同的方式处理会取得事半功倍的效果。

一、投诉者类别及投诉响应方式

（一）激进型投诉者

激进型投诉者表现为大吵大嚷，无耐性。对此类投诉者宜细心聆听，全神贯注，并用直接迅速的语气给予回复。

（二）惯性型投诉者

惯性型投诉者表现为经常不满意，对维护自身权益的行为感到自豪。对此类投诉者宜有耐性，诚心诚意地感激他们提出的意见，避免不耐烦和催促投诉者，给他们时间述说。

（三）安静型投诉者

安静型投诉者表现为很少投诉，不会明显地表现不满。对此类投诉者宜留意他们的身体语言，引导他们说出自己的建议。

二、缓和客户投诉情绪的技巧

（一）低位坐下

处理客户投诉时要尽量让对方坐下谈话，避免和对方站着沟通。心理学研究表明，人的情绪高低与身体重心高度成正比，重心越高，越容易情绪高涨。因此站着沟通往往比坐着沟通更容易产生冲突，座位越低则发脾气的可能性越小。在处理客户投诉时，若对方带有较大情绪，摆事实、讲道理都是没有用的，第一件事应该是让对方坐下，等对方情绪平静后再进行沟通。甚至可以在接待投诉的地方专门安放几组特别矮的软沙发，客户坐下后身体一收缩，重心下移，就会在某种程度上降低其发脾气的可能性。

（二）选好调解人

物业管理企业中负责客户投诉的人最好是有经验、有人缘、具有处理相关事务能力的员工。如果是重要的投诉案件，还可由物业客户服务相关领导做调解人。由物业客户服务领导出面调解，客户就会有受到重视的感觉，心理上容易得到安慰。此外，由于物业客户服务领导具有一定的权力和威望，他的话容易使客户相信。再者，由于物业客户服务领导有权作出某些决定，使得客户认为与之沟通能够切实地解决问题。所以，由物业客户服务领导出面调解，比其他人员出面调解的效果要好一些。

（三）改变场所

引导客户到会客室坐下，做好客户招待工作，让客户缓和一下激动的情绪。

（四）重复对方的话

在沟通中，可以将客户的谈话内容及思想整理后，再用自己的语言反馈给对方。通过这种方式，可以让其感到重视。对方也一定会专心听你讲的话，寻找错误或遗漏之处，如此转移注意力，自然更有利于平复客户的情绪。重复对方的话的频率与客户情绪高低成正比，对方情绪越高，就应该增加重述的频率，从而努力让对方平静下来。

（五）改变时间

如果在更换调解人员或改变沟通方式之后，仍无法平息客户的怨气，最好的办法就是取消当日的会谈，延至第二天进行。

三、处理客户投诉所需要的专业态度

（1）接到投诉或建议时，应首先表示感谢。对客户的投诉应持欢迎的态度，并予以热情接待，不得有冷漠、训斥等不良态度。接待投诉时一定要耐心地让客户把不满的情绪发泄出来，或先听客户把事情始末讲出来，切忌打断客户的话。

（2）在接待客户投诉时，需要留心聆听，认真了解并记录客户投诉的内容，同时让客户感觉到物业管理公司非常重视他的投诉内容。在面对客户时切忌表现出不耐烦的样子。

（3）在接待投诉完毕前应主动报出自己的姓名、部门及联系方式，无论何时都应保持微笑，让客户感到你是在不厌其烦地为他解决问题。

（4）对客户的遭遇或不幸表示歉意或同情，让客户心理得以平衡。客户投诉的问题无论大小轻重，都要认真对待和重视，要采取"移情换位"的思维方式，转换一下角色，设身处地地站在客户的角度看待问题，安慰客户，缩小与客户的心理距离。对极其愤怒的客户，为平息其怒气，可利用心理学方法，用较缓慢的说话方式来安抚他们的急躁情绪。

（5）分析产生问题的主要原因和责任，如投诉涉及其他部门，切不可相互推诿，要通知并督促相关部门限时处理，杜绝"二次投诉"发生。

（6）提出处理或不予处理的理由，处理过程中要及时将进展情况反馈给客户。

（7）在未能确定问题成因或找到最合理的解决方法之前，特别是未得到上级通知前，切忌随意对客户作出不切实际的承诺。

（8）回复要及时，这是处理投诉工作的重要一环。客户口头投诉可用电话回复，一般不应超过一个工作日；客户来函应用函回复，一般不应超过3个工作日。回复客户，可以向客户表明其投诉已得到妥善处理，即使未能及时给出解决方案，也要以最快的速度通知客户投诉处理的进度，并承诺再次回复的时间。

（9）对于不能解决的问题，应予以合理解释和表示歉意，并努力通过其他方式弥补。遇有不能解决的问题，应按管理程序向有关主管报告。

（10）处理完投诉后一定要回访，可以采用定期召开联谊会的形式加强与客户之间的沟通，培养与客户之间的良好关系，尽可能地减少客户投诉。

案例评析

此事虽小，但保安员处理问题的方式却很死板，本来当时就可以解决的事，最后却导致客户投诉，显示出内部培训欠缺。公司的管理制度、服务意识、培训效果，物业管理水平的高低、服务质量的优劣，主要就表现在细节上。管理服务的精细化程度体现了一个公司的品牌。细节决定成败，细节体现品牌，物业管理的细节尤其重要。在我们的工作中，在每一个岗位上，任何一件事都要用心去做，才能把工作做好，才能真正体现一个企业的品质。

项目小结

顾客投诉是每一个物业管理公司都会遇到的问题，它是业主对物业管理和服务不满的表达方式，也是物业公司有价值的信息的来源，它为企业创造了许多机会。物业管理公司应充分利用处理业主投诉的时机赢得业主的信任，把业主的不满转化为满意，增强客户对物业管理公司的忠诚度，从而获得竞争优势。

实训练习

综合案例分析题

案例名称	业主看新房，保安不让进小区
工作任务	6月4日上午，39座201业主带亲朋好友到小区来看新房，该业主因工程遗留的一些问题暂未收楼，所以没有业主卡，走到门岗时被门岗保安员拦住，要求其出示相关证件，业主报房号并拿出身份证，但保安员仍不允许他们进入。业主打电话给销售员，销售员把项目经理的电话告诉了业主，业主打通电话后便叫保安员接电话，但保安员说不接受任何电话的确认。销售经理打电话到前台通知保安员放此业主进入，但前台呼叫保安员未接收到，于是又打电话联系业主，因业主在通话中，屡次都无法接通。当时高温达37℃，业主一行人等待半个小时未能进入小区，极度气愤。业主女儿要求用手机录下此过程，但保安员不让录，后经销售人员到场后才让业主进入，并由物业助理带其看房。业主对保安员极度不满，声称如果处理不好将请媒体报道。接到此投诉后，项目经理十分重视，要求客服主管马上处理，客服主管立即打电话与业主沟通，就此事处理不周的地方向其道歉，并表明公司的处理措施，女业主表示满意。然后客服主管又打电话给男业主，男业主要求该保安员向他道歉。由于考虑到一些因素，物业管理公司未同意保安员道歉，到下午时分，客服主管又打电话给男业主，表明公司的态度及处理措施，并说明让保安员道歉会产生一些不利影响，男业主见公司处理此事很有诚意，表示满意。事后物业管理公司对该保安员进行了批评、教育、培训。
完成时间	10分钟
任务目标	分角色扮演，找出处理问题最恰当的方法。
任务要求	(1) 分组讨论对案例中问题的处理方法，按各自的方法分角色扮演； (2) 分析哪组同学处理得比较好，为什么？
研讨内容	
研讨成果	
讨论过程	
自我角色	
自我评价	
小组评价	
教师评价	

项目八　物业客户服务岗位实训

✉ **问题引入**

在实际工作中，物业从业人员会遇到各种突发事件，除了我们学习并掌握的一些基本客户服务原则、方法和技巧外，还要具备职业意识和业务能力，适应客户服务岗位的需要。

💬 **项目导读**

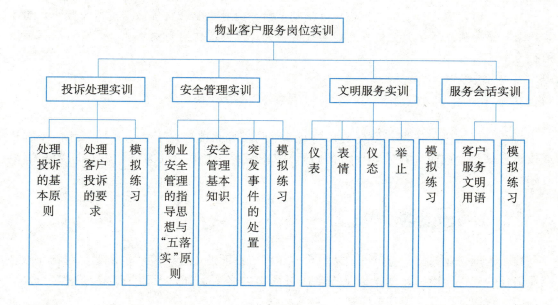

🎯 **学习目标**

知识目标：掌握客户投诉处理的基本原则、安全管理原则、规章制度和安全常识。

能力目标：能够正确处理客户投诉和突发事件；能够正确运用相关方法和技巧文明服务。

任务一　投诉处理实训

案例导入

紧急情况下，物业管理人员是否有权破门而入

雷小姐住在二楼，三楼的邻居国庆期间外出。某天，雷小姐发现天花板开始滴水，意识到三楼邻居家可能漏水了。她向物业管理公司反映情况，公司称三楼住户不在家，不能入室检修。结果情形越来越糟，雷小姐屋子的天花板、家具、衣服、被褥等都受到不同程度的损害，其中一些物品受损相当严重，而物业管理公司维修部仍然不来维修。雷小姐没有办法，只好拨打 110 报警，在民警的要求下，物业管理公司砸开三楼房门入内维修，发现屋内的东西也被泡得不成样子。雷小姐对物业管理公司极为不满，斥责物业管理公司没有尽到责任。物业管理公司则称，住户不在家，公司无权破门而入；三楼住户回来后，对于他们破门而入的行为也感到很恼火。于是他们分别对物业公司维修部进行了投诉，雷小姐要求三楼的住户和物业公司一起赔偿她的损失；三楼的住户则说物业公司人员破门而入的行为是违法行为。

知识探究

通过对员工进行培训，使员工掌握处理不同投诉的技巧，了解怎样回复才能令客户或投诉者满意。同时，在处理投诉的过程中，要善于运用一定的方法发现问题和解决问题。

一、处理投诉的基本原则

物业管理企业的员工应该正确认识投诉。客户投诉是正常现象，也是客户对物业管理企业信任的表现。正确处理投诉是提高服务质量的必要保证，因而员工在处理客户投诉时，应注意遵守以下三项基本原则。

（一）真心诚意地帮助客户解决问题的原则

客户投诉，说明物业管理企业的日常管理及服务工作尚有不足之处或漏洞，客户的某些需求尚未被重视。客户服务人员应理解客户的心情，同情客户的处境，努力识别并满足客户的真正要求，满怀诚意地帮助客户解决问题。只有这样，才能赢得客户的信任与好感，才有助于问题的解决。

（二）绝不与客户争辩的原则

当客户怒气冲冲地前来投诉时，首先应适当地选择处理投诉事件的地点，避免在公共场合接受投诉。其次，应该让客户把话说完，然后对客户的遭遇表示歉意，还应感谢客户对本企业的关心。当客户情绪激动时，接待投诉者的员工应注意礼貌，绝不能与客户争辩。如果不给客户发泄情绪的机会，而与客户争强好胜，最后将会两败俱伤。因此，员工应设法平息客户的怒气，也可请当班的管理人员前来接待客户，帮助客户解决问题。

（三）绝不损害企业利益的原则

在处理客户的投诉时，必须注意合乎逻辑，不能推卸责任，随意贬低他人或其他部门，这样会造成企业内部矛盾，损害企业的形象。

二、处理客户投诉的要求

（1）按照客户投诉处理的程序、方法和具体要求，快速、正确地处理客户的投诉。

（2）绝不能轻率地对待客户的投诉，应设身处地地为客户着想，慎重处理。

（3）认真倾听了解所投诉问题的前因后果，保持友好、礼貌、冷静的态度。

（4）从速解决权限范围内的事件，超出权限的，应逐级上报处理。

（5）避免客户在营业场所大声喧哗，导致不良影响，应选择适当的场所，引导客户妥善解决问题。

（6）注意做好记录，以示重视。

（7）如果需要他人或其他部门协助时，要随时掌握事态的进展情况。

（8）尽量使客户心平气和地离开。

三、模拟练习

分角色模拟物业公司处理本任务案例中二楼和三楼业主的投诉。

➡ 案例评析

这是一个典型的物业管理公司紧急避险及免责问题，物业管理人员破门而入的行为是否合法、是否应对三楼损失进行赔偿，应参照《中华人民共和国民法典》的有关规定处理。

为了使国家、公共利益，本人或他人的人身、财产和其他权利免受正在发生的危险，不得已采取的紧急避险行为，造成损害的，不负刑事责任。紧急避险行为由于其所保护的利益大于其所造成的损害，具有正义合理性，因而我国法律对此予以认可。根据本案例的实际情形，物业管理公司和二楼住户，都不应承担民事责任。对于责任问题，"因紧急避险造成他人损失的，如果险情是由自然原因引起，行为人采取的措施又无不当，则行为人不承担民事责任。受害人要求补偿的，可以责令受益人适当补偿。"本案中，该紧急避险行为减少了积水对三楼住户财物的损害，所以该住户实际上是受益人之一，因此三楼住户应当承担自己的损失，三楼住户与物业管理公司应当向雷小姐赔礼道歉或适当承担雷小姐的部分损失。

对于物业管理公司而言，有时会因某些特殊原因对业主造成一些损害，物业管理公司应将相关的免责条款尽可能详尽地写在物业管理合同中以维护自身利益，但又不能拒绝承担自己应当承担的责任。

任务二　安全管理实训

➡ 案例导入

访客无理打骂保安人员怎么办

9月12日下午，一访客到租住在某小区A栋的朋友家取摄像机。在他携机欲出小区时，保安人员礼貌地请其办理有关放行手续。谁知他竟勃然大怒，破口大骂，随后赶来的朋友还对保安人员动了手。巡逻人员闻讯赶来制止，两人撒腿便跑，藏匿起来。管理处领导得知后，首先冷静、客观、公正、全面地了解情况。通过听取当事人和知情者的情况介绍，调看大堂出入口的现场录像，查阅业主、住户的档案资料，确认应由住户和访客负全部责任。然后管理处约定时间，请业主委员会主任、辖区民警和业主一起协商解决问题（类似问题请业主委员会主任参与处理是管理处的明智之举，参与处理也是业主委员会主任的职责所在）。管理处详细介绍了事情经过，并列举了人证、物证，大家一致认为管理处的管理工作认真严谨，保安人员处理问题的方式并无任何不妥，应当得到大家的理解、尊重和支持，住户和访客要对此事承担全部责任。事情很快就得到了圆满解决，肇事者当众向保安人员赔礼道歉，并且赔偿了相关损失。

➡ 知识探究

物业安全管理是指物业服务公司采取各种措施、手段，以保证业主和使用人的人身、财产安全，维持正常生活和工作秩序的一种管理行为，这也是物业管理最基础的工作之一。

物业安全管理包括"防"与"保"两个方面。"防"是预防灾害性、伤害性事故的发生；"保"是通过各种措施对意外发生的事故进行妥善处理。"防"是防灾，"保"是减灾，两者相辅相成，缺一不可。

物业安全管理作为一项职业性的服务工作，是介于公安机关职责和社会自我防范之间的一种专业保安工作。与社会治安管理的两种形式（公安机关职责和社会自我防范）相比，物业安全管理具有补充国家安全警力不足、减轻国家财政负担及工作职责范围具有针对性的优点。

物业安全管理的目的是要保证和维持业主和使用者有一个安全舒适的工作、生活环境，以提高生活质量和工作效率。

一、物业安全管理的指导思想与"五落实"原则

（一）指导思想

物业安全管理的指导思想是建立健全、完备的组织机构，用先进的设备设施，选派具有责任心的专业人才，坚决贯彻"预防为主"的原则，千方百计地做好预防工作，最大限度地杜绝或减少安全事故的发生。同时，对于意外出现的安全事故，要根据具体情况，统一指挥、统一组织、及时报警，并采取一切有效的手段和措施进行处理，尽最大可能减少人员伤亡和经济损失。

（二）"五落实"原则

1. 思想落实

物业管理公司要把安全管理放在第一位，真正从思想上重视物业的安全管理。物业管理公司要大力进行安全宣传教育，组织学习有关的法规和规定，学习兄弟单位的先进经验和内部制定的各项安全制度、岗位责任制和操作规程等。通过加强宣传和不断学习，使广大员工、业主和使用人重视安全，懂得规定和要求，并自觉遵守、主动配合，共同搞好安全管理工作。

2. 组织落实

物业管理公司要由主要领导挂帅，成立安全委员会，专门负责安全管理工作。同时还要建立具体的物业安全管理机构，如保安部或委托专业的保安公司，由专业机构负责安全管理的具体领导、组织和协调，而不能将它作为一个附属机构设置于某一部门。

3. 人员落实

物业管理公司的主要领导要兼任安全委员会的主任，而且要把安全管理工作提上日常议事日程，并选派得力的干部出任保安部的经理，配备必要的安全保卫人员。安全保卫人员必须经过专业岗位培训，要有较高的政治素质、业务素质和思想道德素质。

4. 制度落实

物业管理公司要根据国家的有关法律法规，结合物业的实际情况，制定出切实可行的安全管理制度和办法，如安全管理岗位责任制、安全管理操作规程等，并坚决组织贯彻执行。

5. 装备落实

要配备专门的、现代化的安全管理设备设施，如中央监控系统、自动报警系统、消防喷淋系统以及其他安全管理器材和设备（如交通、通信和防卫设备），以提高安全管理的安全系数与效率，保证人身和财产的安全。

二、安全管理基本知识

（一）三懂

（1）懂得高层楼宇发生火灾的危险性。

(2) 懂得消防措施。

(3) 懂得灭火方法。

（二）三会

(1) 会报警。

(2) 会处理事故苗头。

(3) 会使用消防器材。

（三）三熟悉

(1) 熟悉物业项目内消防设施的位置、周边环境及各类通道的分布。

(2) 熟悉避难场所。

(3) 熟悉疏散方向。

（四）三不准

(1) 不准私自储存危险物品。

(2) 不准在电热设备附近放易燃物品。

(3) 不准擅自动用、损坏消防器材及设备设施，堵塞消防通道。

（五）灭火的基本方法

(1) 冷却灭火法。

(2) 隔离灭火法。

(3) 窒息灭火法。

(4) 抑制灭火法。

（六）熟悉常用的消防设备

(1) 消火栓。

(2) 烟感器。

(3) 二氧化碳灭火器、干粉灭火器。

（七）灭火方案的主要内容

灭火指挥：

(1) 报警、抢救、扑救。

(2) 明确职责。

(3) 确定疏散路线。

(4) 配合现场保护。

（八）日常工作的配合

(1) 保持安全通道畅通。

（2）保证地面设施的完整及正常使用。

（3）劝阻推销、市场调查、行乞、酗酒、惹是生非等行为。

（4）保护、收集证据。

三、突发事件的处置

（一）突发事件的处理

（1）及时报警。

（2）尽可能拖延时间，等待支援。

（3）充分认识到处理突发事件是时间、速度、技巧、力量的较量。

（4）仔细搜查，查清原因，保存证据材料。

（5）充分利用周边环境和地形。

（6）做好保密工作。

（二）抢救"八戒"

1. 戒惊慌失措

遇事慌张，于事无补。如遇触电者，应首先切断电源，用木棍、竹竿等绝缘物将电线拨开，方可进行急救。

2. 戒因小失大

当遇到急重病人时，首先应检查有无生命活动体征，并能进行初步检查，看病人是否还有心跳和呼吸，瞳孔是否散大，如心跳停止、呼吸停止，则应马上进行人工呼吸和胸外心脏按压。

3. 戒乱用药

不少家庭都有常备药，但缺乏专业使用药物的知识时，切勿乱用。如对于急性腹痛者，过量服用止痛药会掩盖病情，妨碍正确判断。

4. 戒自作主张乱处理

敌敌畏、敌百虫中毒时，忌用热水及酒精擦洗，而应立即脱去污染的衣服，用清洁的水洗干净；小而深的伤口切忌草率包扎，以免引起破伤风；腹部内脏受伤脱落，切忌还纳腹部，而应用干净纱布覆盖，以免继发感染等。

5. 戒滥进饮料

不少人误以为给病人喝些饮料会缓解病情，实际上这样做很有可能对病情治疗造成影响。

6. 戒随意搬动

发生意外时，病属往往心情紧张，急于将病人转移到床上或沙发上。但对于某些病人，原地救治更合适，而不应随意搬动，特别是骨折、脑出血、颅脑外伤病人更忌搬动。

7. 戒一律平卧

并非急重病人都要平卧，可以让病人选择最舒适的体位。如失去意识的病人可让其平卧，头偏向一侧；急性腹痛者可让其屈膝以减轻疼痛；脑出血病人则让其平卧，但可采取头高脚低的体位；心脏性喘息者，可让其靠坐在椅子上。

8. 戒舍近就远

抢救伤病人员时，时间就是生命，应该送附近的医院就近治疗，特别是当伤病员心跳、呼吸濒临停止时，更不该舍近就远。

四、模拟练习

分角色模拟以下案例。

学生分角色模拟训练

某天晚上9点时，某大厦C幢值班人员通过监视器，发现正在下降的1号电梯内情况异常：两名年轻访客斜倚着电梯壁，身上有明显的血迹。后经查明：两人是该大厦某业主带回来的朋友，业主临时有事外出，两人醉酒后打碎了楼道消防橱窗，被玻璃划伤。

这是物业管理中较为典型的突发事件，对此类事件的处理，首要是保持冷静，弄清事情真相，千万不要妄下结论，一旦造成误解或误判，就会给工作带来难以弥补的损失。人命关天，对突发事件中出现的伤者，尤其是重伤者，要在第一时间进行紧急救治，保证其生命安全。千万不要贻误了救治的最佳时机，酿成严重后果，导致问题变得更加复杂，增加解决问题的难度。处理突发事件，要按照岗位职责要求，迅速报告有关领导。要注意保护第一现场，为后期弄清问题真相，找出合理的解决方案留下第一手资料。

对突发事件的正确处理，平时一定要加强对员工的教育培训，必要时要进行模拟演练，让员工熟悉各自的岗位职责，做到遇事不乱不慌，沉着冷静，正确应对。另外，还要强化工作责任心，做到防患于未然，防微杜渐。

➡ 案例评析

对一些人的无理取闹，不能不了了之。否则既会挫伤员工的积极性，又会助长不良习气，但有的问题员工独自处理难度较大，物业管理公司员工要善于借助各方力量处理。

> **拓展资料**
>
> ### 消防安全管理公约
>
> 1. 本小区实行住户防火责任制，各住户为本单位自然责任人，负责做好各自所属范围内的防火安全工作。
> 2. 遵守安全用电用气管理规定，严禁超负荷使用电器。
> 3. 不得挪用或损坏消防设备、器材及各类消防标识。
> 4. 不得私自经营、储藏易燃易爆危险品，如烟花、汽油等。

5. 消防区及楼梯、走道、安全防火门、疏散通道及逃生天台等多处安全通道必须保持畅通无阻，任何单位和个人不得占用和封堵安全通道，严禁在消防通道内停放车辆及堆放杂物。

6. 高层楼宇防火门应经常关闭。

7. 发生火情切忌惊慌拥挤，应立即拨火警电话，并告知管理中心，同时应尽力采取补救措施，如关闭电源、煤气开关等，并迅速离开。高层住户切勿从电梯逃生，应徒步从安全楼梯逃生。

8. 根据消防管理规定，有下列情形者，物业公司有权责令其改正并赔偿损失；情节严重的，需报有关部门，追究其法律责任：

（1）占用或封堵甬路、楼梯或安全出口。

（2）损坏或私自挪用消防设备及材料。

（3）不按规定使用电、燃气和乱设电器线路。

（4）装修材料不符合防火要求。

（5）未经物业公司同意，擅自进行用电、用火作业，并且防护措施不当。

（6）其他违反安全规定的行为。

任务三　文明服务实训

📨 案例导入

有人损毁绿地怎么办

某小区花园前原来有一片观赏绿地。气候适宜的傍晚时分，众多住户都喜欢在这里驻足小憩。然而，其中也有一些不太自觉的人，随意在草地上穿行、坐卧、嬉戏，导致绿地局部草皮倒伏、植被破坏、黄土裸露，不得不反复补种，成为小区管理中的一个难题，物业管理公司想了许多办法都未奏效。对于这种情况，不做宣传教育工作是不行的，光靠宣传教育也是不行的。既要讲道理，又要采取相关的强力措施。管理处拓宽思路，采取了以下教、管、疏相结合的新办法：

教：改善宣传方法，加大宣传力度。首先将警示牌由通道旁移至人们时常穿越、逗留的绿地中，同时将警示语由刺眼的"请勿践踏草地，违者罚款"更改为令人动心的"足下留情，春意更浓""我是小草，请多关照"。

管：配足护卫力量，强调全员管理。在午后至零时人们出入较多的时段，专门指定一人重点负责绿地的巡逻，同时规定管理处其他员工如发现有人践踏绿地，要主动上前劝阻。

疏：增铺人行通道，疏导游人流向。在只有翻越亭台才能避开绿地通行的地段，增铺平顺的人行通道，同时把绿地喷灌时间由早晨改为傍晚，人流密度大的时段内保持绿地清新湿润，减少人们损毁绿地的行为。

在三招并用的过程中，物业服务人员始终坚持文明服务、微笑服务，收到的效果非常明显，现在小区居民践踏绿地的现象已经得到了有效扼制。

📨 知识探究

物业服务人员的文明服务、微笑服务在仪表、表情、仪态、举止等方面都有具体的要求。

一、仪表

上班时统一穿着制服，工作服应整洁、干净，不得穿有褶皱的服装上岗。

佩戴公司统一制作的员工工作牌。佩戴时，员工证须置于上衣左侧兜盖上方中央位置，员工证下沿与兜盖上线齐平。

头发要整洁，不允许染发，不留奇异的发型；男士前额发不得遮盖眼眉，鬓角发不得超过耳屏，脑后发不得触及衣领；女士不得披头散发，不佩戴夸张的头饰。

男士坚持剃须；女士上班应化淡妆，不得浓妆艳抹，不涂有色指甲油，不喷浓香水。

注意个人卫生，上班前不吃带有重口味的食物，不得饮酒。

二、表情

要面带微笑，和颜悦色，给人以亲切感；不能面孔冷漠，表情呆板。微笑时，嘴角向上微微扬起，表情自然。

要聚精会神，注意倾听，给人以受尊重之感；不要无精打采或漫不经心。

要坦诚待客，不卑不亢，给人以真诚感；不要诚惶诚恐，唯唯诺诺。

要沉着稳重，给人以镇定感；不要慌手慌脚，毛毛躁躁。

要神色坦然，轻松自信，给人以宽慰感；不要双眉紧锁，愁容满面。

不要带有厌烦、僵硬、愤怒的表情，也不要扭捏作态。

三、仪态

站姿。站立端正，上身挺直，挺胸收腹，眼睛平视，嘴微闭，面带笑容。

坐姿。应坐椅子的2/3，但不可坐在边沿上；双肩放松放平，腰部挺直，胸向前挺。切不可有在椅子上前俯后仰，摇腿翘脚，在客户面前有双手抱胸、翘二郎腿等不雅动作。

走姿。行走应轻而稳，昂首、挺胸、收腹，肩要平、身要直。

手姿。在为客户指引方向时，要把手臂伸直，手指自然并拢，手掌向上，上身稍前倾，以肘关节为轴，指向目标，同时眼睛要看着目标并确保对方也能看到目标。在介绍或指示方向时，切忌用一只手指指点点。与客户谈话时手势不宜过多，幅度不宜过大。

点头与鞠躬。当客户走到面前时，应主动起立点头问好，点头时目光要看着客户的面部；当客户离去时应起立，身体要微微前倾（15°鞠躬状），敬语道别。

四、举止

举止要端庄，动作要文明，迎客时走在前，送客时走在后，客过让路，同行不抢道。站、坐、走要符合规定要求。

在客户面前应禁止各种不文明的举动，如吸烟、吃东西、掏鼻孔、剔牙齿、掏耳朵、打饱嗝、打喷嚏、打哈欠、抓头、搔痒、修指甲、伸懒腰等，即使是在不得已的情况下，也应尽力采取措施掩饰或回避，并主动道歉示意。

上班时间应保证室内安静，不大声喧哗、打闹、干私活、化妆。要做到说话轻、走路轻、操作动作轻，保持工作时的良好气氛。

应保持工作台面清洁，除标识牌和工作用品外，不能有任何杂物，烟灰缸放在服务台下，有客户抽烟时拿出使用。

接听手机时应低声细语，不应大喊大叫或故作神秘；开会时手机应设置震动、静音或关机；办公时间禁止打私人电话。

五、模拟练习

模拟"有人损毁绿地怎么办"案例，在"三招并用"的过程中，物业服务人员要始终坚持文明服务、微笑服务。

⮂ 案例评析

在物业管理活动中，经常会遇到案例中所发生的现象，作为物业从业人员，首先要做到文明礼貌；其次要讲究工作的方式方法，以情感人，以理服人，以规则规范人；多管齐下，做好服务工作。

任务四　服务会话实训

⮂ 案例导入

不当回复惹来的纠纷

一天，某物业管理公司客服中心的小王接到一个电话，电话是小区的一位老人打来的。

"是物业吗？我家里的下水道堵了，怎么办？"那位老人声音含混不清地说道。

"堵了？什么堵了？麻烦你说清楚点。"小王问。

"堵了，下水道堵了，怎么办？"那位老人有点着急。

"工人现在不在，明天你再打来吧。"小王漫不经心地说。

"不行啊，堵了下水道，我都不能做饭了。你们必须马上解决。"老人有点生气。

"工人不在，我也没办法……"小王没好气地说。

"你们……"老人生气地挂了电话。然后向该物业管理公司投诉小王不礼貌的接待行为，而且要求公司赔礼道歉，还要赔偿因不能马上修理下水道给他造成的损失。

后来物业公司多次上门调解、道歉，才得到老人的谅解。小王也从此次事件中得到了教训。

➡ 知识探究

物业管理属于服务性行业，要确保对顾客提供最优质的服务，就要对物业管理公司的服务用语加以认真研究。语言是人们日常用来交流思想情感的工具。物业管理公司工作人员需要时刻与业主或住户，与内部、外部相关人员打交道。在此过程中，传递信息、交流思想，主要依靠语言来表达，如果不能掌握良好的语言艺术是难以完成各项工作任务的。与客户见面时用语是否规范、准确、恰当，对物业管理公司员工来讲是十分重要的。

一、客户服务文明用语

（一）开头语以及问候语

问候语："您好，欢迎致电××客户服务热线，客服代表×××很高兴为您服务，请问有什么可以帮助您！"

客户问候客服代表时，客服代表应礼貌回应。

当已知晓客户姓名的时候，客服代表应在以下的通话过程中，在客户的姓氏后加上"先生/小姐"，保持礼貌回应称呼："×先生/小姐，请问有什么可以帮助您？"

接听到对方无声音的电话时，客服代表致以问候语后，稍停5秒还是无声，再问候一次，稍停5秒，对方仍无反应，则说："对不起，您的电话没有声音，请您换一部电话再次打来，好吗？再见！"再稍停5秒，挂机。

（二）无法听清

因用户使用免提而无法听清楚时，客服代表可以礼貌地向客户提出建议。

遇到客户声音小，听不清楚时，客服代表在保持自己的音量不变的情况下可以说："对不起！请您大声一点，好吗？"若仍听不清楚，客服代表可说："对不起！您的电话声音太小，请您换一部电话打来，好吗？"然后过5秒挂机，不可以直接挂机。

遇到电话杂音太大听不清楚时，客服代表可以提出意见，并稍停 5 秒，挂机。

遇到客户讲方言，客户能听懂客服代表的普通话时，客服代表应该在听懂客户所用方言的基础上，继续保持普通话的表达，不可以转换成客户的方言。

遇到客户抱怨客服代表声音小或听不清楚时，客服代表需要表达歉意，并稍微提高音量，不可以直接挂机。

（三）沟通内容

若没有听清楚客户所述内容，要求客户配合重复时，客服代表可以要求客户将刚才反映的问题再复述一遍。

当客服代表提供的信息较长，需要客户记录下相关内容时，客服代表需要友好提醒客户记录一下，不可以语速过快而不提示。

如遇到客户打错电话时，客服代表可说："对不起，这里是××客户服务中心，请您查证后再拨。"（若有可能，请根据客户的需求，引导客户拨打其他号码）

（四）抱怨与投诉

遇到客户投诉热线难拨通、应答慢时，客服代表需及时向客户致歉，并询问客户需要什么帮助。

遇到客户情绪激烈，破口大骂时，客服代表可回答："对不起，先生/小姐，请问有什么可以帮助您？"同时，客服代表应调整好心境，尽量安抚客户的情绪，若无法处理，应立即上报现场业务主管。

遇到客户责怪客服代表动作慢，业务不熟练时，客服代表应回答："对不起，让您久等了，我将尽快帮您处理。"

遇到客户投诉客服代表态度不好时，客服代表应回答："对不起，由于我们服务不周给您添麻烦了，请您谅解，您是否能将详细情况告诉我？"然后认真记录客户的投诉内容，请客户留下联系方式，随后提交组长或主管处理。

客户投诉客服代表工作出差错时，客服代表应回答："对不起，给您添麻烦了，我会将您反映的问题如实上报主管，并尽快核实处理，给您带来的不便请您原谅！"然后记录下客户姓氏、电话及复述投诉内容。如客户仍不接受道歉，客服代表可回答："对不起，您是否可以留下您的联系电话，由我们的主管与您联系处理，好吗？"随后迅速将此情况转告现场业务主管，由现场业务主管马上与客户联系并妥善处理。

遇到无法当场回复的客户投诉时，客服代表应表示："很抱歉，先生/小姐，多谢您反映的意见，我们会尽快向上级部门反映，并在 2 小时之内（简单投诉）/24 小时之内（复杂投诉）给您明确的答复，感谢您的来电！"

对于客户投诉，在受理结束时，客服代表应回答："××先生/小姐，多谢您反映的意见，我们会尽快处理，并在××小时（根据投诉和客户类别的不同有针对性地回答）内给您明确的答复，感谢您的来电。"

二、模拟练习

（一）会话一

美国老板："完成这份报告要多久？"

希腊员工："我不知道完成这份报告需要多久。"

美国老板："你是最有资格回答这个问题的人。"

希腊员工："大约 10 天。"

美国老板："你同意在 15 天内完成这份报告吗？"

希腊员工：没有做声。（认为是命令）

15 天过后，美国老板："你的报告呢？"

希腊员工：明天完成。（实际上需要 30 天才能完成）

美国老板："你可是同意今天完成报告的。"

第二天，希腊员工递交了辞职书。

模拟练习：改变对话模式，最终结果应该是希腊员工顺利地完成了工作报告，得到了老板的信任和赏识。

（二）会话二

阅读下面的案例，开展情景模拟训练，重点是练习服务对话。

业主有了成见怎么办

某小区一位业主装修时，擅自在阳台上焊接铁架，使外观与楼宇其他阳台极不协调。管理处发现后，立即发出停工整改通知书。业主对此十分不满，认为管理处限制了她的自由，并声称"铁架非搞不可"。管理处有关人员三番五次地耐心给她讲解装修管理方面的法规，说明保持楼宇外观统一的必要性，在原则问题上决不退让。业主面对管理处坚决的态度，最终按照要求进行了整改。

（三）会话三

阅读下面的案例，开展情景模拟训练，重点是练习服务对话。

业主执意乱装空调怎么办

一天中午，护卫班班长匆忙来到某小区物业管理公司办公室，告诉主管人员某业主不想按指定位置安装空调，要将北侧空调孔打在窗户上方。主管迅速赶到现场了解情况。业主认为物业管理公司规定的位置不合理，强烈要求将空调孔打在窗户上方，并且态度坚决。

此时，空调公司的工作人员在一旁煽风点火，更助长了业主的不满情绪。主管耐心地解释道："物业管理公司要求在指定位置安装空调、管线不能外露，是为了保证小区的外观统一美观。"同时，主管强调，如果任由业主各行其是安装空调，那小区的外观就会杂乱不堪，这里毕竟是大家共同生活的家园。虽说业主听了后还是没有决定按规定去做，但态度不再那么强硬了。

主管见状，便把空调公司工作人员拉到一边，开始做他们的工作。主管告诫他们："你们应当知道物业的管理规定，如果执意违规行事，可要考虑考虑今后如何在我们的辖区做生意。"空调公司工作人员见势头不好，立即声明要按照物业管理公司的规定打孔，并表示一定配合物业管理公司说服业主。最终，业主同意将空调孔打在规定位置。

➡ 案例评析

物业客户服务中心工作人员接到客户电话时，要本着认真、热情服务的心理，使用文明用语与客户进行良好沟通，避免推诿责任，激化客户情绪，最终促进客户所反映的问题得到有效解决。

项目小结

物业客户服务人员需要提高实际服务能力，在工作岗位上提供优质贴心的服务。本项目主要是希望学生通过实训学习，掌握投诉处理、安全管理、文明服务、正确使用服务用语的技巧，以更好地做好客户服务岗位工作。

实训练习

综合案例分析题

案例名称	来访者说与业主约好怎么办
工作任务	某天中午，两位来访者来到门岗。安管员问道："请问两位先生找谁？" 来访者："我们找 T 层 A 座××公司×××总经理。" 安管员："那请您拨打一下对讲，看他是否在。" 来访者便按对讲键，但连按三遍都无人应答，便转头对安管员说："×××总经理虽然没有应答，但我们确实和他约好了，你就让我们进去吧。" 安管员想业主虽没有应答，但自己确实在半小时前看到业主回来了，而且来访者说与业主事先联系好的，证件又齐全，便做了登记就放行了。没过多久，业主电话打到服务中心投诉物业公司管理不严格，没有得到业主同意就随便放人上楼
完成时间	10 分钟
任务目标	分角色扮演，找出最恰当的处理方法。
任务要求	(1) 分组讨论案例处理方法，按各自的方法分角色扮演； (2) 哪组同学处理得比较好，为什么？

续表

案例名称	来访者说与业主约好怎么办
研讨内容	
研讨成果	
讨论过程	
自我角色	
自我评价	
小组评价	
教师评价	

参考文献

1. 余源鹏 . 物业客户服务培训与管理手册 . 2 版 . 北京：机械工业出版社，2014.
2. 劳动和社会保障部教材办公室 . 助理物业管理师 . 北京：中国劳动社会保障出版社，2013.
3. 赵溪 . 客户服务导论与呼叫中心实务 . 4 版 . 北京：清华大学出版社，2013.
4. 王晓宇 . 物业客户服务管理 . 北京：中国财富出版社，2012.
5. 孙惠萍 . 物业客户服务 . 2 版 . 北京：高等教育出版社，2012.
6. 洪冬星 . 客户服务管理体系设计全案 . 北京：人民邮电出版社，2012.
7. 李先国，曹献存 . 客户服务管理 . 2 版 . 北京：清华大学出版社，2011.
8. 李薇薇，苏宝炜 . 物业管理客户服务金典 . 北京：人民邮电出版社，2008.
9. 鲁捷 . 物业管理案例分析与技巧训练 . 2 版 . 北京：电子工业出版社，2012.